끝짱 컴퓨터 영재 만들기 Step 2

씨엔씨에듀 R&D팀 저

씨엔씨에듀 OEUN LIFE SCIENCE

타자연습표

단계		나는야 타자왕							
1단계	자리연습								
	낱말연습								
2단계	자리연습								
	낱말연습								
3단계	자리연습								
	낱말연습								
4단계	자리연습								
	낱말연습								
5단계	자리연습								
	낱말연습								
6단계	자리연습								
	낱말연습								
7단계	자리연습								
	낱말연습								
8단계	자리연습								
	낱말연습								
짧은글 연습									

차례

1. 파워포인트와 인사하기
- IQ UP   색칠하기 /6
- 기능   파워포인트 실행 |
  슬라이드 레이아웃 변경 |
  도형 그리기 /7
- 윈도우   폴더 만들기 /13

2. 내가 좋아하는 맛있는 과일
- IQ UP   미로 찾기 /17
- 기능   도형 복사하기 /18

3. 내 컴퓨터 꾸미기
- IQ UP   끝말 잇기 /22
- 기능   도형 회전하기 /23
- 윈도우   폴더 이름 변경하기 /25

4. 여러 가지 색깔 크레파스
- IQ UP   단어 연상하며 적어보기 /29
- 기능   도형 모양 조절점 조절하기 |
  그룹 지정하기 /30

5. 맛있는 아이스크림
- IQ UP   색칠하기 /36
- 기능   도형에 패턴 채우기 | 그룹
  지정하기 /37
- 윈도우   폴더 및 파일 삭제하기 /42

6. 밤 하늘과 바다 꾸미기
- IQ UP   숨은 그림 찾기 /45
- 기능   슬라이드 배경색 바꾸기 /46

7. 반짝이는 밤 하늘
- IQ UP   색칠하기 /50
- 기능   애니메이션 효과 삽입하기 |
  애니메이션 종류 알아보기 /51
- 윈도우   휴지통 익히기 /57

8. 칙칙폭폭 도형 기차 만들기
- IQ UP   색칠하기 /64
- 기능   도형 정렬하기 | 도형 효과 /65

9. 자동차 경주하기
- IQ UP   틀린 그림 찾기 /74
- 기능   애니메이션 효과 활용 /75
- 윈도우   폴더 및 파일 복사와
  붙여넣기 /78

10. 맛있는 간식 만들기
- IQ UP   색칠하기 /81
- 기능   도형에 패턴 효과 활용 /82

11. 날아라! 바람개비

- **IQ UP** 끝말 잇기 /87
- **기능** 그라데이션 효과 /88
- **윈도우** 폴더 및 파일 선택하기 /90

12. 귀여운 꽃게

- **IQ UP** 색칠하기 /95
- **기능** 선과 곡선 그리기 /96

13. 아름다운 꽃 그리기

- **IQ UP** 미로 찾기 /101
- **기능** 도형 복사하기, 패턴 채우기 활용 /102
- **윈도우** 폴더 안에 폴더 만들기 /106

14. 멋진 우리 집!

- **IQ UP** 틀린 그림 찾기 /110
- **기능** 배경에 질감 채우기 /111

15. 좋아하는 캐릭터 그리기

- **IQ UP** 색칠하기 /115
- **기능** 배경에 그라데이션 채우기 /117
- **윈도우** 파일 잘라내기와 붙여넣기 /118

16. 상상 속의 우주선

- **IQ UP** 끝말 잇기 /122
- **기능** 배경에 단색 채우기 /123

컴퓨터 종합문제 /127
[부록] 수료증(상장)

파워포인트와 인사하기

 01 **IQ UP – 색칠하기**

1 컴퓨터 가족을 색칠해 보아요. 컴퓨터 가족에는 누가 있을까요?

2 낱말을 보고, 소리내어 읽은 후 파워포인트에 옮겨 적어보세요.

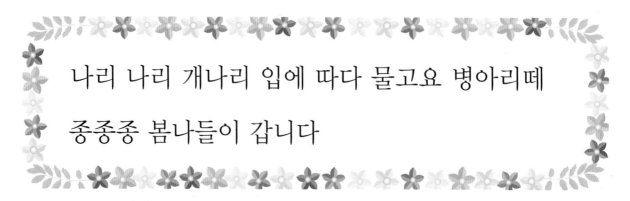

나리 나리 개나리 입에 따다 물고요 병아리떼

종종종 봄나들이 갑니다

마이크로소프트 오피스(Microsoft Office) 시스템에서 프레젠테이션을 도와주는 소프트웨어예요. 즉, 여러 사람 앞에서 나의 생각을 발표하거나 우리 모두의 공동 작업을 할 때 시각적 보조자료로 활용할 수 있는 거예요.

1 [시작(■)] 단추를 클릭하고 앱 뷰어에서 [Microsoft Office] 폴더 안의 [Microsoft PowerPoint 2016]을 선택합니다.

 바탕 화면에 파워포인트로 바로 갈 수 있는 [바로 가기 아이콘( )]을 더블 클릭하면 파워포인트 2016이 바로 실행되요.

2 '파워포인트 2016' 화면이 나타납니다.

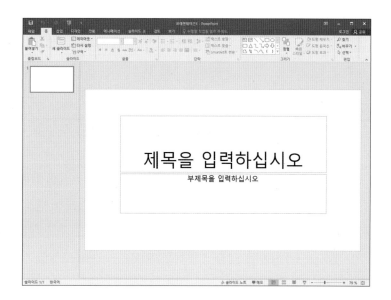

한날더알기 파워포인트 2016의 화면 구성

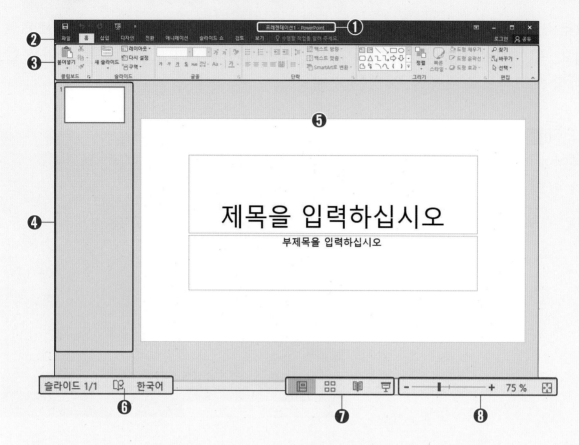

❶ 제목 표시줄 : 현재 사용 중인 문서의 이름을 표시해요.

❷ [파일] 탭 : 새로 만들기, 열기, 저장, 인쇄 등의 기능이 모여있는 곳이에요.

❸ 리본 메뉴 : 명령을 아이콘으로 만들어 쉽게 선택할 수 있게 표시해요.

❹ [슬라이드/개요] 창 : 작업 중인 슬라이드를 작은 그림 형식으로 보여주거나 개요 형식으로 보여줘요.

❺ [슬라이드 편집] 창 : 프레젠테이션을 직접 편집하는 작업 공간이에요.

❻ 상태 표시줄 : 슬라이드 번호, 전체 슬라이드 수, 사용 중인 테마 서식 등의 정보를 표시해요.

❼ [화면 보기] 단추 : 기본, 여러 슬라이드, 읽기용 보기, 슬라이드 쇼 등의 보기 형식을 선택해요.

❽ 확대/축소 : 화면을 확대하거나 축소하고 창의 크기에 맞춰 크기를 조절해요.

03 슬라이드 레이아웃

1 슬라이드의 레이아웃을 변경하기 위해 [홈] 탭-[슬라이드] 그룹-[레이아웃]-[빈 화면]을 선택합니다.

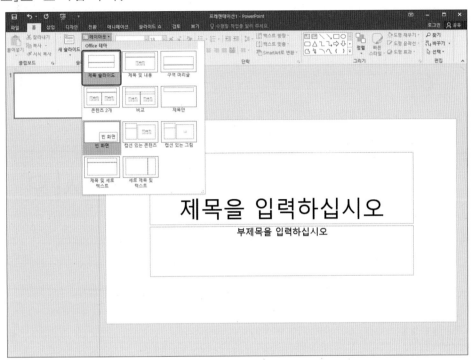

2 제목 슬라이드가 '빈 화면' 슬라이드로 변경되었습니다.

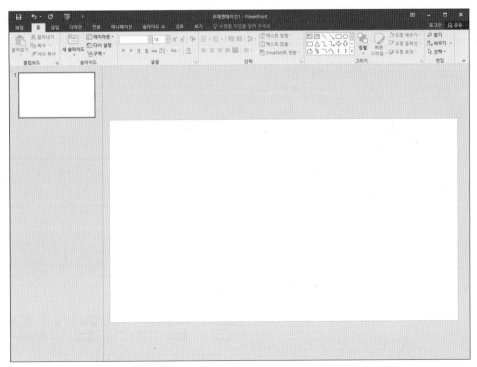

슬라이드 빈 화면에서 마우스 오른쪽 단추를 누르면 [레이아웃] 메뉴가 나타나요. 여기에서도 '빈 화면' 슬라이드를 선택할 수 있어요.

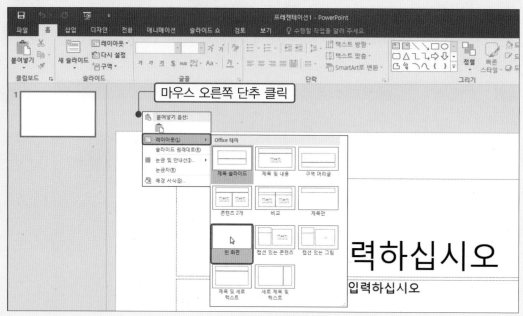

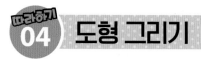 도형 그리기

1 [삽입] 탭-[일러스트레이션] 그룹-[도형]을 클릭하면 여러 가지 모양의 도형들이 나타납니다.

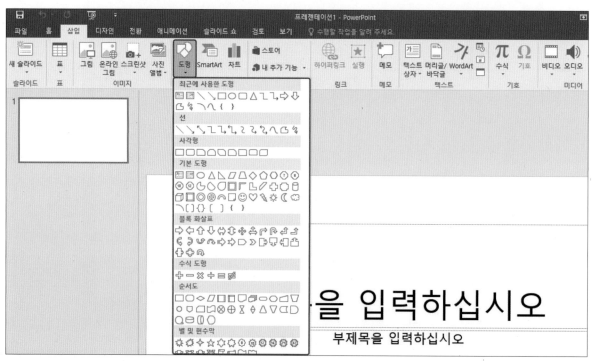

2 여러 가지 도형 중에서 [기본 도형]-[타원(○)]을 선택하고 도형을 그립니다.

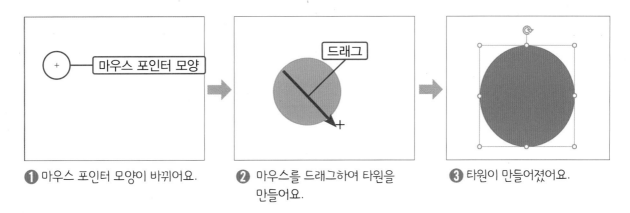

❶ 마우스 포인터 모양이 바뀌어요.　❷ 마우스를 드래그하여 타원을　❸ 타원이 만들어졌어요.
　　　　　　　　　　　　　　　　　　만들어요.

 Shift 키를 누르고 타원을 드래그하면 '정원'을 그릴 수 있어요.

도형 크기 변경하기

1 크기변경 : 좌우(⟷), 상하(↕), 대각선(⤡)

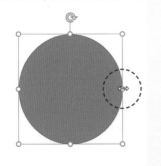 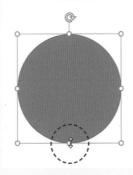 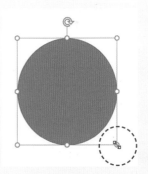

2 이동(✛)과 회전(↻)

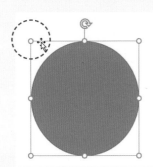 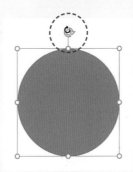

🖐️ 한날 더알기 도형 서식 변경하기

1 [도형 채우기] 색 변경하기 : 도형을 선택하고 [그리기 도구]–[서식] 탭–[도형 스타일] 그룹–[도형 채우기(🎨)]에서 '표준 색–노랑'을 선택합니다.

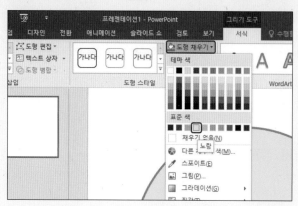
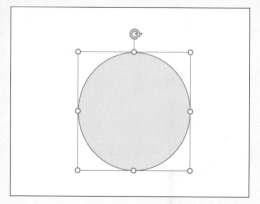

2 [도형 윤곽선] 색 변경하기 : 도형을 선택하고 [그리기 도구]–[서식] 탭–[도형 스타일] 그룹–[도형 윤곽선(✏️)]에서 '표준 색–녹색'을 선택합니다.

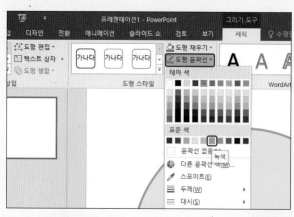
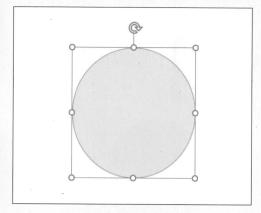

3 [도형 윤곽선] 두께 변경하기 : 도형을 선택하고 [그리기 도구]–[서식] 탭–[도형 스타일] 그룹–[도형 윤곽선(✏️)]에서 '두께–3pt'를 선택합니다.

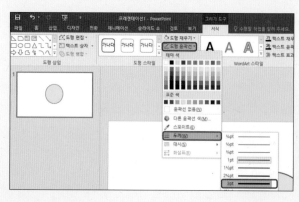
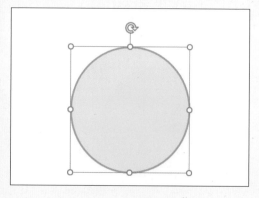

05 폴더 만들기

폴더는 컴퓨터에서 파일을 알아보기 쉽게 저장하는 곳이에요. 영문 이름으로 파일 폴더(File Folder)라고도 해요. 디지털 파일들을 용이하게 작업할 수 있도록 정리하고 저장하는 서류함인데, 파일은 '서류', 폴더는 '서류함'과 같은 역할을 해요.

1 바탕 화면에서 [내 PC]를 더블 클릭하면 [내 PC] 창이 나타납니다.

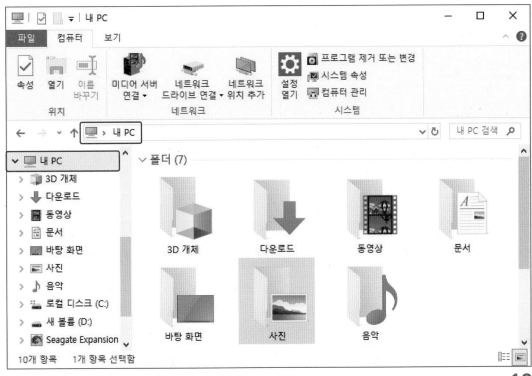

2 왼쪽의 [D 드라이브]를 클릭하고, [D 드라이브] 창의 리본 메뉴에서 [새 폴더] 클릭한 후 Enter 키를 누르면 새 폴더가 만들어집니다.

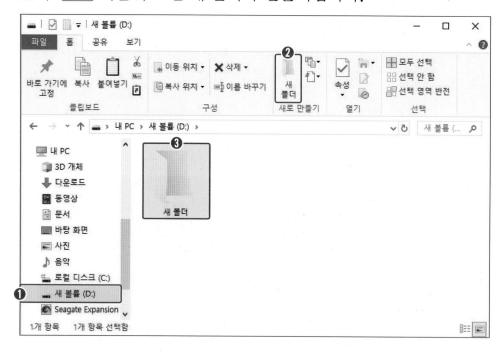

 폴더 만들기

폴더를 만들 위치에서 마우스 오른쪽 단추를 눌러 [새 폴더] 메뉴를 선택하면 '새 폴더'가 만들어져요.

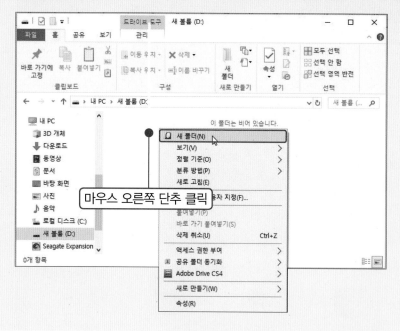

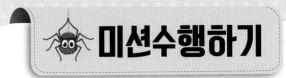

준비파일 [빈 화면] 슬라이드   완성파일 1-1 수식도형(완성).pptx

01 파워포인트를 실행하고 도형을 이용하여 수식 도형을 완성해 보세요.

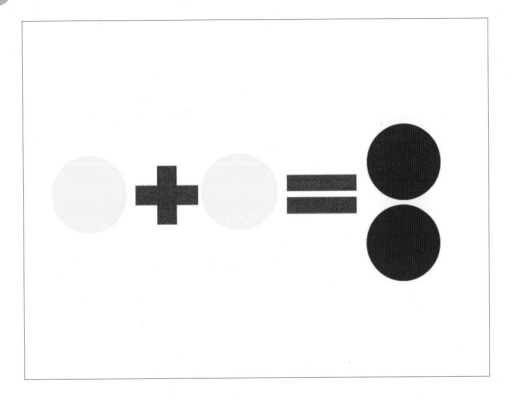

힌트 도형 : [기본 도형]-[타원(○)], [수식 도형]-[덧셈 기호(✚)], [등호(☰)]

준비파일 [빈 화면] 슬라이드   완성파일 1-2 도형곱셈(완성).pptx

01 파워포인트를 실행하고 도형을 이용하여 곱셈식을 완성해 보세요.

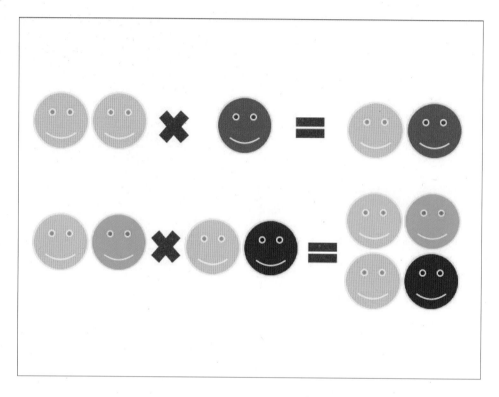

힌트 도형 : [기본 도형]-[웃는 얼굴(☺)], [수식 도형]-[곱셈 기호(✗)], [등호(▤)]

02 단원
내가 좋아하는 맛있는 과일

1 두더지가 굴에서 밖으로 나오는 길을 찾아 볼까요?

2 낱말을 보고, 소리내어 읽은 후 파워포인트에 옮겨 적어보세요.

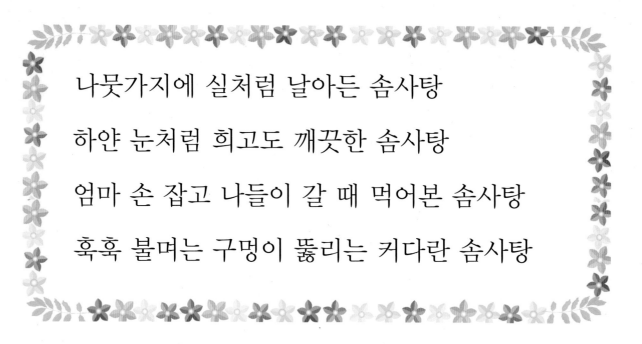

> 나뭇가지에 실처럼 날아든 솜사탕
>
> 하얀 눈처럼 희고도 깨끗한 솜사탕
>
> 엄마 손 잡고 나들이 갈 때 먹어본 솜사탕
>
> 훅훅 불며는 구멍이 뚫리는 커다란 솜사탕

따라하기 02 도형 복사하기

1 [기본 도형]-[눈물 방울(○)] 도형을 선택하여 그린 후 다시 도형을 선택합니다.

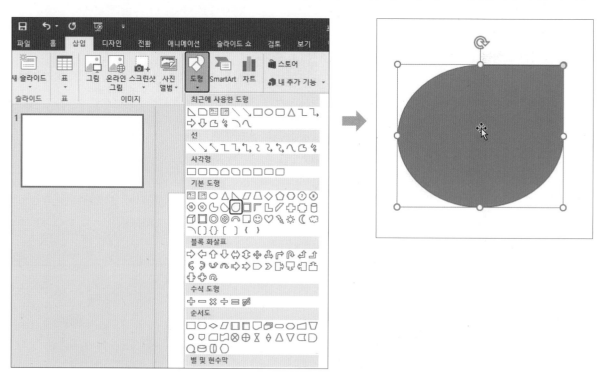

2 도형을 복사하기 위해 Ctrl 키를 누른 채로 오른쪽으로 드래그앤 드롭합니다.

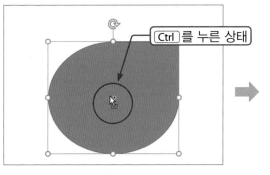
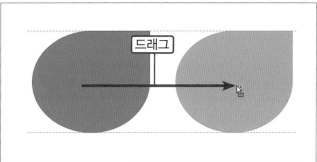

❶ 도형을 선택하고 Ctrl 키를 누르면 마우스 포인터 모양이 바뀌어요.

❷ 키보드 왼쪽의 Ctrl 키를 누른 상태에서 오른쪽으로 드래그해요.

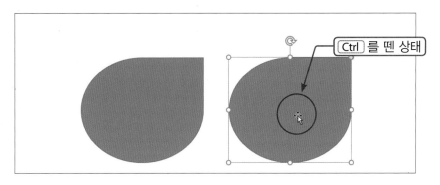

❸ 도형이 복사된 것을 확인한 후 마우스에서 손을 떼고 키보드 왼쪽의 Ctrl 키를 나중에 떼요.

 복사하는 다른 방법

1. 복사할 도형을 선택해요.
2. [홈] 탭 – [클립보드] 그룹 – [복사–복사]를 선택해요.

3. [홈] 탭 – [클립보드] 그룹 – [붙여넣기–그림]을 선택해요.

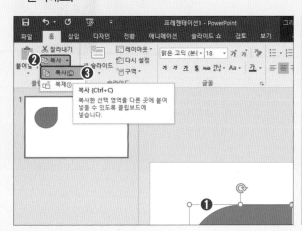
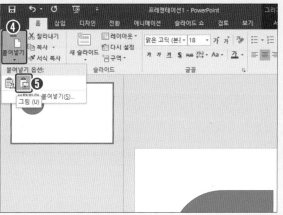

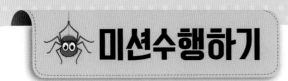

미션수행하기

📁 **준비파일** 2-1 도형복사.pptx   📁 **완성파일** 2-1 도형복사(완성).pptx

01 준비파일을 불러와서 사과를 복사해 보세요.

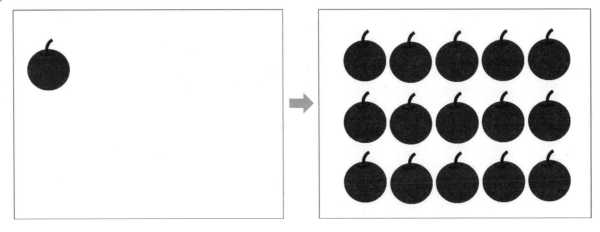

> **힌트** Ctrl 키를 이용하여 복사해요.

02 준비파일을 불러와서 수박 씨를 복사해 보세요.

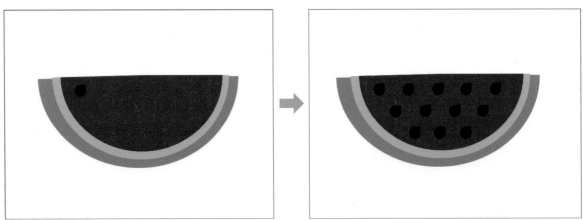

> **힌트** 여러 개의 도형을 선택하고 Ctrl 키를 이용하여 한꺼번에 복사할 수도 있어요.

2-2 포도.pptx    2-2 포도(완성).pptx

01 준비파일을 불러와서 포도를 완성해 보세요.

- 도형 : [기본 도형]-[타원(◯)]
- 도형 색 : [그리기 도구]-[서식] 탭-[도형 스타일] 그룹-[도형 채우기]와 [도형 윤곽선]을 선택하여 원하는 도형 색으로 변경해요.
- Shift 키를 이용하여 타원을 그리면 정원으로 그릴 수 있어요.

03 단원 내 컴퓨터 꾸미기

 01 **IQ UP - 끝말 잇기**

1 그림을 보고 단어의 끝말을 이어보아요. 자! 도전해 볼까요?

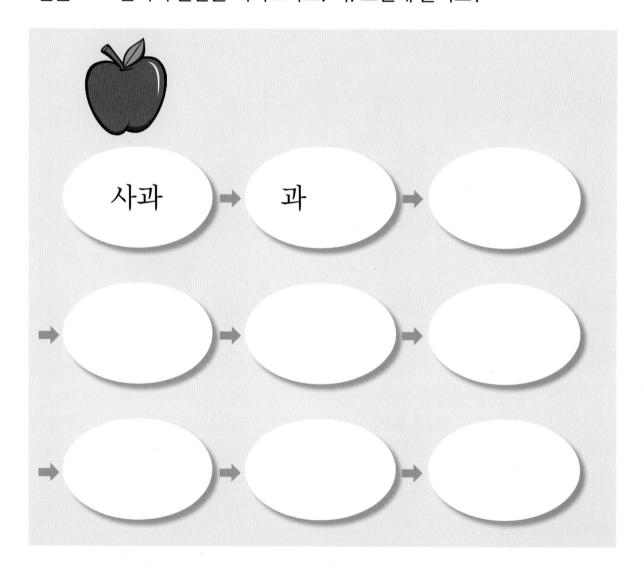

2 낱말을 보고, 소리내어 읽은 후 파워포인트에 옮겨 적어보세요.

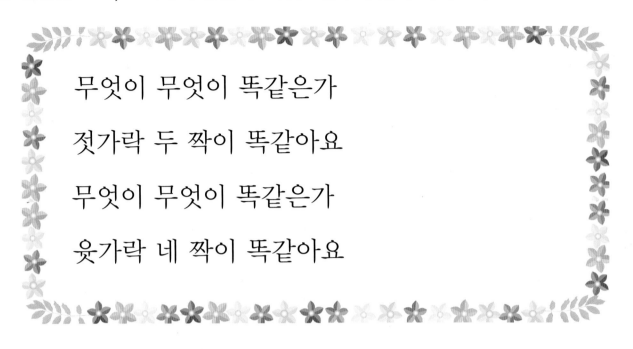

> 무엇이 무엇이 똑같은가
>
> 젓가락 두 짝이 똑같아요
>
> 무엇이 무엇이 똑같은가
>
> 윗가락 네 짝이 똑같아요

따라하기 02 도형 회전하기

1 [기본 도형]-[하트(♡)] 도형을 선택하여 그린 후 도형을 선택하고 [그리기 도구]-[서식] 탭-[정렬] 그룹-[회전]을 클릭합니다.

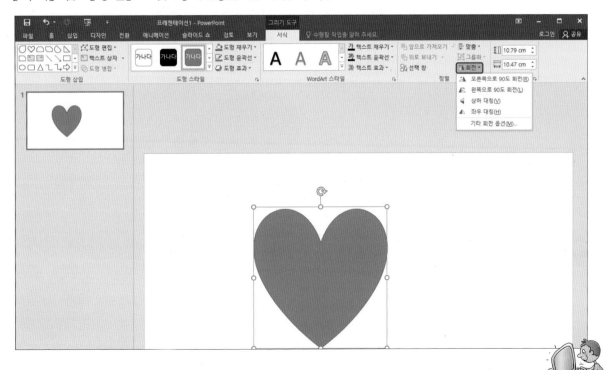

2 도형을 회전시키기 위해 도형이 선택된 상태에서 [오른쪽으로 90도 회전]을 선택
합니다.

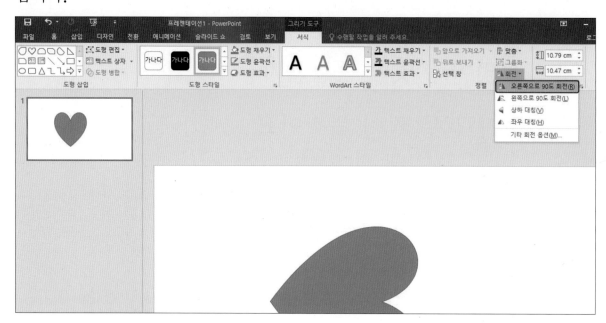

3 계속해서 [왼쪽으로 90도 회전]을 선택해 봅니다.

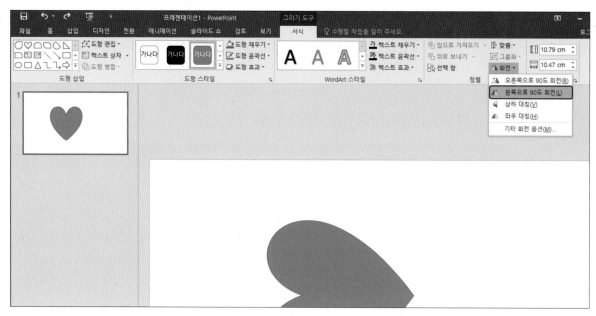

 도형 회전

[회전 도구(⚙)]를 이용해서 도형을 회전시킬 수 있지만, [회전] 메뉴를 이
용하면 정확한 각도로 회전을 할 수 있어요.

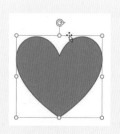

[상하 대칭]과 [좌우 대칭] 회전

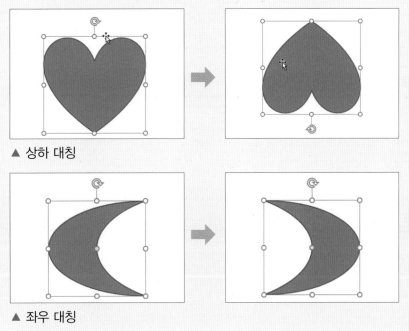

▲ 상하 대칭

▲ 좌우 대칭

 폴더 이름 변경하기

1 [새 폴더]를 선택하고 리본 메뉴에서 [이름 바꾸기]를 클릭합니다.

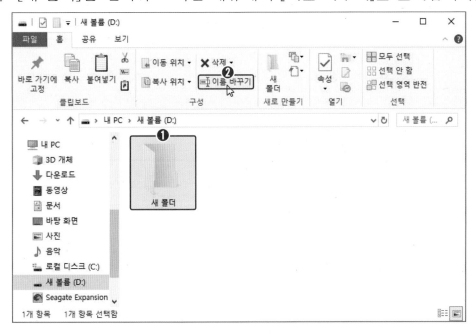

 폴더를 선택하고 F2 키를 눌러 폴더 이름을 변경할 수 있어요.

2 원하는 폴더 이름(내 이름)을 입력한 후 Enter 키를 누릅니다.

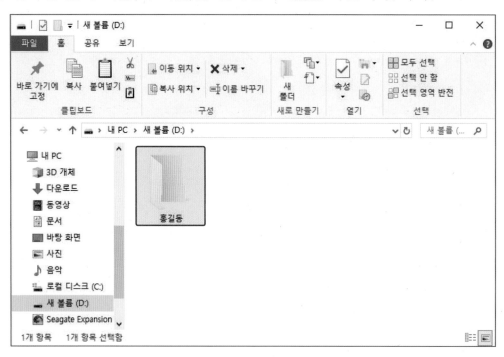

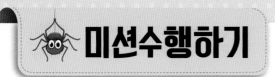

미션수행하기

📁 **준비파일** 3-1 내컴퓨터.pptx   📁 **완성파일** 3-1 내컴퓨터(완성).pptx

01 도형 안에 [채우기 색]과 [도형 윤곽선]의 색을 바꿔 내 컴퓨터를 완성해 보세요.

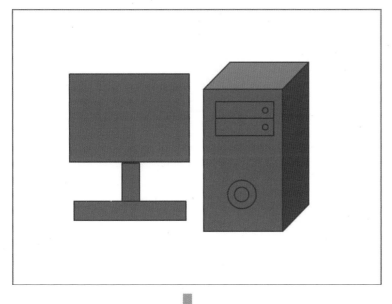

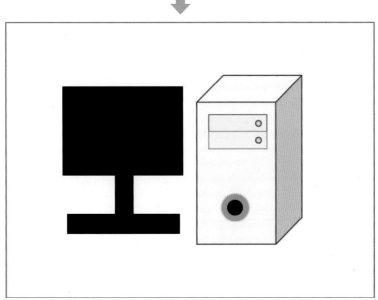

 • 도형 색 : 도형 채우기 색과 선 색을 원하는 색으로 선택하여 예쁘게 꾸며봐요.
• Shift 키를 이용하면 '정사각형', '정원'을 만들 수 있어요.

03. 내 컴퓨터 꾸미기 · **27**

준비파일 [빈 화면] 슬라이드   **완성파일** 3-2 텔레비젼(완성).pptx

01 파워포인트를 실행하고 도형을 이용하여 텔레비젼을 완성해 보세요.

 • 도형 : [기본 도형]-[사다리꼴(△)], [사각형]-[직사각형(□)],
　　　 [사각형]-[모서리가 둥근 직사각형(□)]

• 회전 : [그리기 도구]-[서식] 탭-[정렬] 그룹-[회전] 메뉴를 선택하고 도형을 회전시
　　　 켜요.

04
단원

여러 가지 색깔 크레파스

 01 IQ UP - 단어 연상하며 적어보기

1 가방 안에 무엇이 있을지 생각해 보고 가방 안의 물건들을 연상하면서 적어 볼까요?

가방 안에는

_____도 있고 _____도 있고 _____도 있고

_____도 있고 _____도 있고 _____도 있고

_____도 있고 _____도 있고 _____도 있네요

2 낱말을 보고, 소리내어 읽은 후 파워포인트에 옮겨 적어보세요.

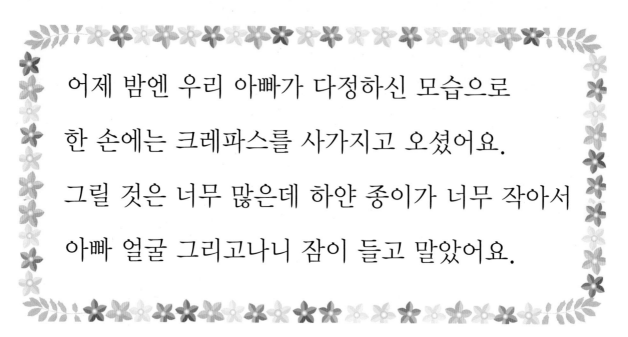

어제 밤엔 우리 아빠가 다정하신 모습으로

한 손에는 크레파스를 사가지고 오셨어요.

그릴 것은 너무 많은데 하얀 종이가 너무 작아서

아빠 얼굴 그리고나니 잠이 들고 말았어요.

따라하기 02 모양 조절점 조절하기

1 [삽입] 탭-[일러스트레이션] 그룹-[도형]에서 [사다리꼴(△)] 도형을 선택하고
도형을 그립니다.

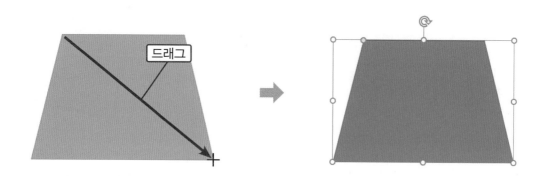

2 도형을 선택하면 노란 네모 모양이 있는 것을 볼 수 있습니다. 이것을 모양 조절점이라고 하며, 마우스를 모양 조절점에 가져가서 드래그하면 원래의 모양에서 조금다른 모양으로 바뀝니다.

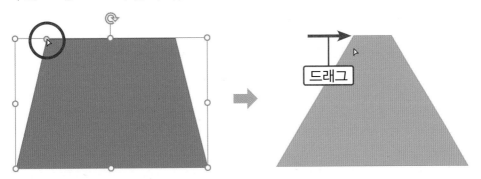

❶ 사다리꼴 도형의 모양 조절점에 마우스를 가져가요.

❷ 모양 조절점을 오른쪽으로 드래그하면도형 모양이 변해요.

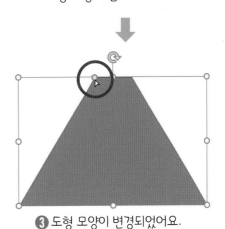

❸ 도형 모양이 변경되었어요.

알아두기 조절점이 두 개 이상인 도형

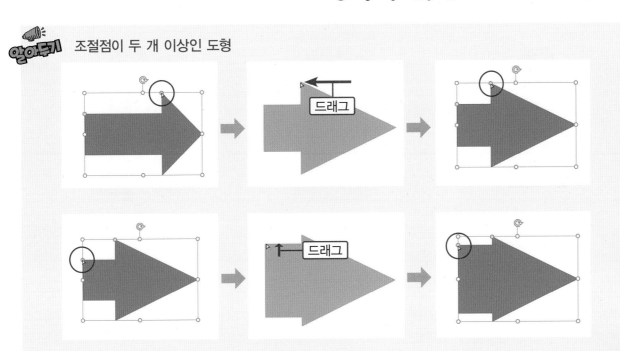

1 [기본 도형]-[사다리꼴(△)], [사각형]-[직사각형(□)]을 이용하여 도형을 그립니다.

 • 같은 도형을 다시 그리지 않고 복사하기를 이용하면 빨리 그릴 수 있어요.
• 직사각형 또 다른 하나는 복사해 보세요.

2 도형을 선택하여 [도형 채우기] 색과 [도형 윤곽선] 색을 변경합니다.

 [도형 윤곽선] 두께는 3pt로 지정해요.

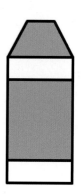

3 여러 개의 도형을 모두 선택하기 위해 도형 바깥쪽에서 드래그하여 모든 도형을 선택합니다.

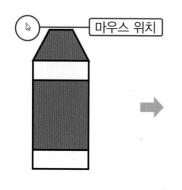 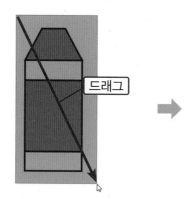 

❶ 도형 바깥쪽에 마우스를 위치시켜요.　　❷ 마우스를 드래그해요.　　❸ 도형들이 모두 선택되었어요.

 도형을 선택하는 또 다른 방법
도형을 선택하고 왼쪽 ctrl 키를 누른 상태에서 원하는 도형을 차례차례 선택하면 도형을 모두 선택할 수 있어요.

4 모든 도형이 선택된 상태에서 [그리기 도구]-[서식] 탭-[맞춤] 그룹-[그룹화]-
[그룹]을 선택합니다.

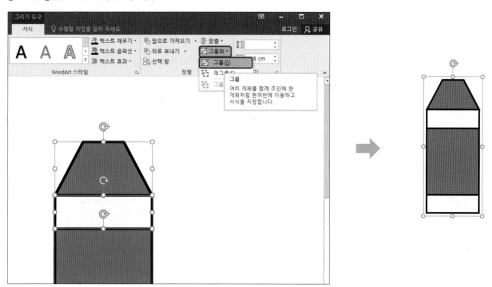

 그룹 해제와 재그룹
• 그룹 해제는 그룹화된 개체 집합을 다시 개별 개체로 나누는 기능이예요.

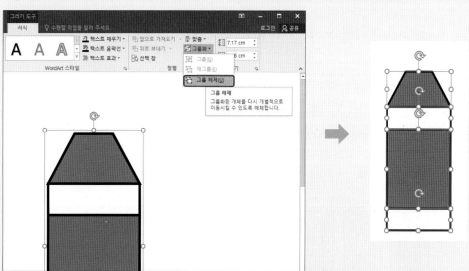

• 그룹을 해제한 도형을 다시 [그룹]하거나 [재그룹] 메뉴를 이용하
여 그룹으로 묶을 수 있어요.

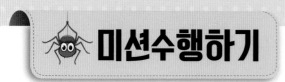

미션수행하기

 준비파일 [빈 화면] 슬라이드 　　**완성파일** 4-1 크레파스(완성).pptx
　　　　　　　　　　　　　　　　　　　　　　　　　　　4-2 연필(완성).pptx

01 도형을 이용하여 크레파스 모양을 그리고 크레파스를 각각 그룹지정해 보세요.

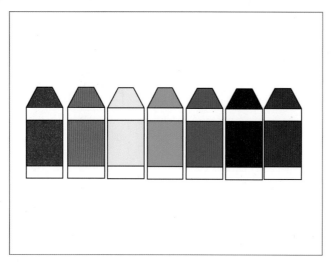

> **힌트** • 도형 : [기본 도형]-[사다리꼴(△)], [사각형]-[직사각형(□)]
> • [도형 윤곽선]의 두께 : 2¼pt

02 도형을 이용하여 연필 모양을 그리고 연필을 각각 그룹지정해 보세요.

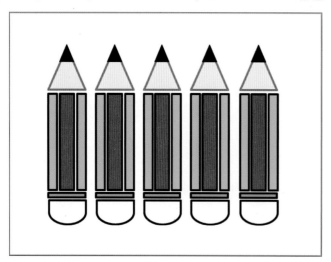

> **힌트** • 도형 : [기본 도형]-[이등변 삼각형(△)], [사각형]-[직사각형(□)],
> [순서도]-[순서도 : 지연(◗)]
> • [도형 윤곽선]의 두께 : 4pt
> • 도형을 복사하고 회전을 기능을 이용해요.

준비파일 [빈 화면] 슬라이드   **완성파일** 4-3 지우개(완성).pptx

01 도형을 이용하여 지우개 모양을 그리고 지우개를 각각 그룹지정해 보세요.

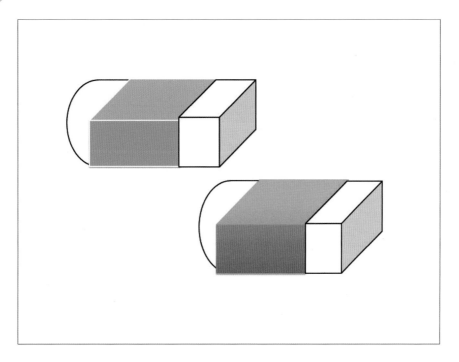

힌트 도형 : [기본 도형]-[정육면체(⬜)], [순서도]-[순서도 : 지연(▷)]

05 단원 맛있는 아이스크림

 따라하기 **01** IQ UP - 색칠하기

1 동물들을 색칠해 보아요. 어떤 동물이 가장 멋질까요?

강아지

고양이

하마

토끼

2 낱말을 보고, 소리내어 읽은 후 파워포인트에 옮겨 적어보세요.

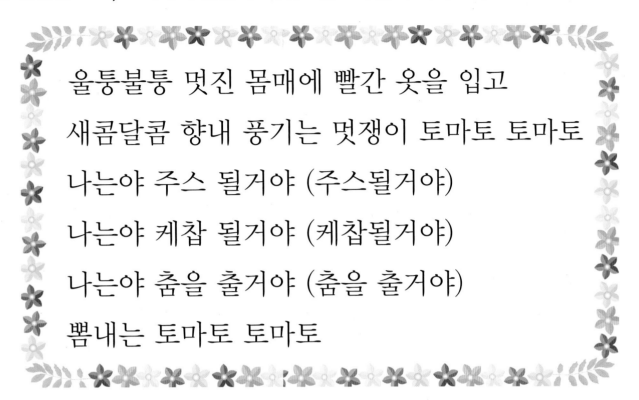

울퉁불퉁 멋진 몸매에 빨간 옷을 입고

새콤달콤 향내 풍기는 멋쟁이 토마토 토마토

나는야 주스 될거야 (주스될거야)

나는야 케찹 될거야 (케찹될거야)

나는야 춤을 출거야 (춤을 출거야)

뽐내는 토마토 토마토

02 도형에 패턴 채우기

패턴을 채우려고 하는 도형을 선택하고 마우스 오른쪽 단추를 클릭하여 [도형 서식] 메뉴를 선택합니다. [도형 서식] 대화상자가 나타나면 [채우기] 탭에서 '채우기-패턴 채우기'를 선택합니다.

1 [기본 도형]–[이등변 삼각형(△)]을 선택하여 그리고, [상하 대칭]으로 회전시킵니다.

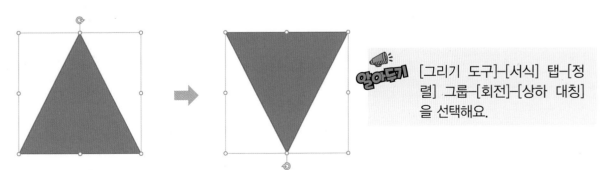

 [그리기 도구]–[서식] 탭–[정렬] 그룹–[회전]–[상하 대칭]을 선택해요.

2 도형을 선택하고 마우스 오른쪽 단추를 클릭하여 [도형 서식] 메뉴를 선택합니다.

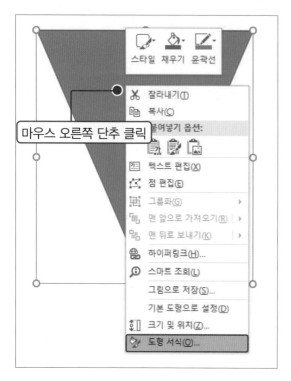

3 [도형 서식] 대화상자가 나타나면 [채우기] 탭에서 '채우기-패턴 채우기'를 선택합니다. '체크 무늬' 패턴을 선택하고 전경색은 '주황, 강조 6, 50% 더 어둡게'를 선택하고, 배경색은 '주황, 강조 6'을 선택합니다.

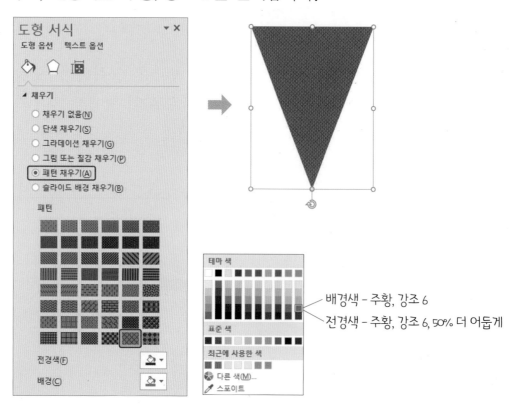

4 [그리기 도구]–[서식] 탭–[도형 스타일] 그룹–[도형 윤곽선(✏)]에서 '주황, 강조 6, 50% 더 어둡게'를 선택하고, 두께를 '4pt'로 지정합니다.

 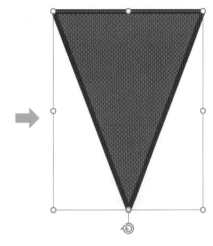

 [그리기 도구]–[서식] 탭–[도형 스타일] 그룹–[도형 윤곽선(✏)]에서는 두께 '4pt'를 선택할 수 없어요. 도형을 선택하고 마우스 오른쪽 단추를 클릭하여 [도형 서식] 메뉴를 선택한 후 [도형 서식] 대화상자의 [선 스타일] 탭에서 '너비' 입력란에 '4pt'를 입력해요.

따라하기 03 도형 그룹 지정하기

1 [기본 도형]–[타원(◯)]을 선택하고 그린 후 타원 도형의 크기를 조절합니다.

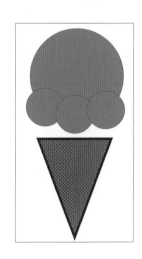

2 [도형 채우기(🖌)]에서 '표준 색 – 노랑'으로 변경하고, [도형 윤곽선(🖉)]도 같은 색상으로 변경합니다.

3 도형을 그룹화하기 위해 타원을 모두 선택하고 [그리기 도구]–[서식] 탭–[정렬] 그룹–[그룹–그룹]을 선택합니다.

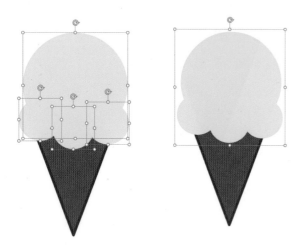

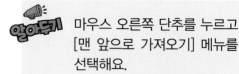

마우스 오른쪽 단추를 누르고 [맨 앞으로 가져오기] 메뉴를 선택해요.

하나 더알기 도형 패턴 채우기

패턴을 채우려고 하는 도형을 선택하고 마우스 오른쪽 단추를 클릭하여 [도형 서식] 메뉴를 선택합니다. [도형 서식] 대화상자가 나타나면 [채우기] 탭에서 '채우기–패턴 채우기'를 선택합니다.

1 [넓은 체크 보드] 패턴

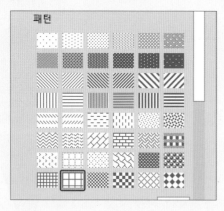

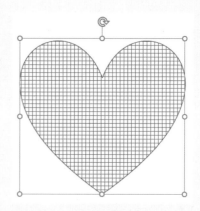

2 [지그재그] 패턴

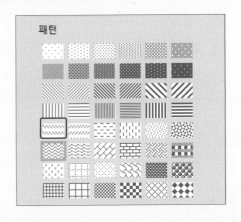 

3 [격자 무늬] 패턴

4 [90%] 패턴

04 폴더 및 파일 삭제하기

1 [D 드라이브]의 [홍길동] 폴더를 선택하고 리본 메뉴에서 [삭제]를 클릭합니다.

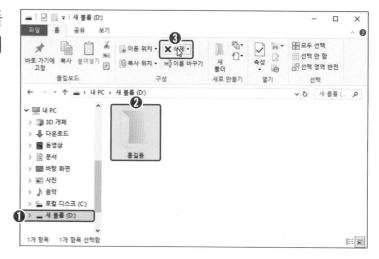

2 삭제한 폴더가 휴지통으로 이동 중이라는 메시지가 나타납니다.

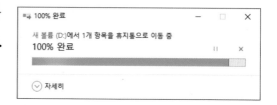

3 선택한 폴더가 삭제되었습니다.

 삭제한 폴더 되살리기
삭제한 폴더를 되살리기 위해서는 [실행 취소]를 클릭하면 됩니다.

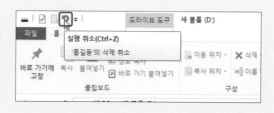

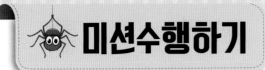미션수행하기

 준비파일 5-1 색색아이스크림.pptx   완성파일 5-1 색색아이스크림(완성).pptx

01 아이스크림에 맛있는 색을 적용하고 패턴 채우기를 해보세요.

 • 도형 : [기본 도형]-[타원(○)], [기본 도형]-[이등변 삼각형(△)]
   • 도형 색 : [도형 채우기(🖎)]에서 '노랑', '자주','빨강 강조 2, 25% 더 어둡게'로
      채우고, [도형 윤곽선(🖉)]은 '주황, 강조 6, 50% 더 어둡게'로 채우기
   • 도형 패턴 : 자주 – 큰 다이아몬드, 빨강 – 지붕 널

 **준비파일** 5-2 막대아이스크림.pptx   **완성파일** 5-2 막대아이스크림(완성).pptx

01 도형을 이용하여 막대 아이스크림을 완성해 보세요.

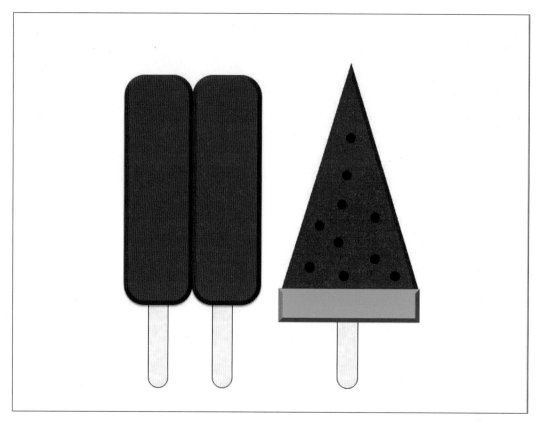

- 도형 : [사각형]-[모서리가 둥근 직사각형(▢)], [기본도형]-[이등변 삼각형(△)], [기본 도형]-[타원(◯)]
- 도형 색 : [도형 채우기(◇)] 색과 [도형 윤곽선(◪)] 색을 이용하여 원하는 색으로 바꿔요.
- 입체 효과 : 도형 선택 → 도형 효과 → 입체 효과 → 각지게 선택

06 단원 밤 하늘과 바다 꾸미기

1 그림을 보고 숨겨져 있는 그림을 찾아보아요. 자 찾아볼까요?

종이배

자석

도넛

삽

케이크

연필

마법사 모자

2 낱말을 보고, 소리내어 읽은 후 파워포인트에 옮겨 적어보세요.

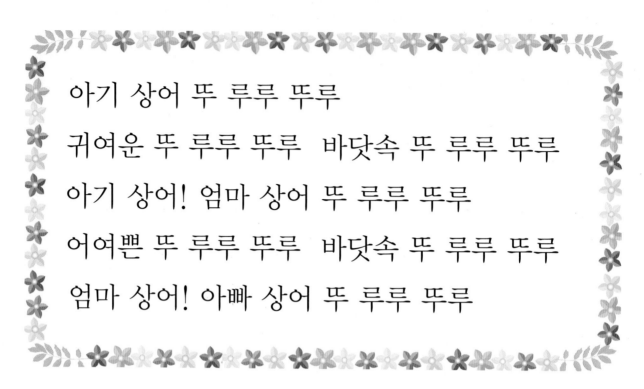

아기 상어 뚜 루루 뚜루

귀여운 뚜 루루 뚜루 바닷속 뚜 루루 뚜루

아기 상어! 엄마 상어 뚜 루루 뚜루

어여쁜 뚜 루루 뚜루 바닷속 뚜 루루 뚜루

엄마 상어! 아빠 상어 뚜 루루 뚜루

따라하기 02 슬라이드 배경색 바꾸기

1 슬라이드 배경색을 바꾸기 위해 슬라이드 빈 화면에서 마우스 오른쪽 단추를 클릭하고 [배경 서식] 메뉴를 선택합니다.

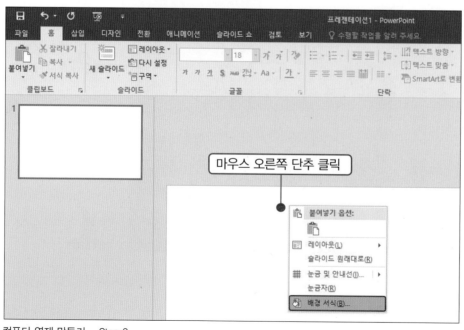

2 [배경 서식] 대화상자가 나타나면 [채우기] 탭의 '단색 채우기'가 선택되어 있는 것을 확인하고, 채우기 색을 '검정, 텍스트 1'로 선택합니다. 계속해서 [닫기] 단추를 클릭합니다.

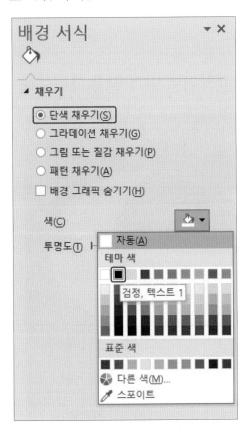

3 슬라이드 배경색이 검정색으로 변경되었어요.

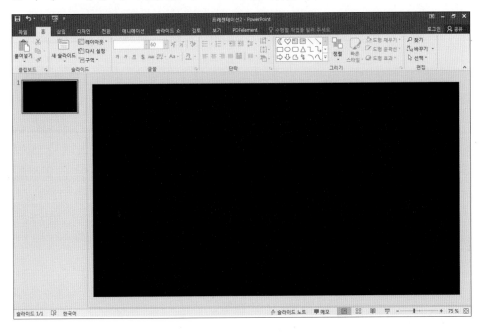

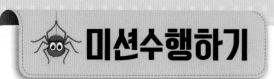

미션수행하기

 준비파일 [빈 화면] 슬라이드   완성파일 6-1 밤하늘(완성).pptx

01 까만 배경으로 변경하고 어두운 밤하늘에 반짝이는 별과 달을 그려보세요.

힌트
- 도형 : [별 및 현수막]-[모서리가 4개인 별(✧)], [별 및 현수막]-[모서리가 5개인 별(☆)], [기본 도형]-[달(☽)]
- 모서리가 4개인 별 : [도형 채우기(🪣)]에서 '흰색'으로 지정, [도형 윤곽선(✏)]은 변경하지 않아요.
- 모서리가 5개인 별 : [도형 채우기(🪣)]에서 '흰색'으로 지정, [도형 윤곽선(✏)]도 '흰색'으로 지정해요.
- 달 : [도형 채우기(🪣)]에서 '노랑'으로 지정, [도형 윤곽선(✏)]도 '노랑'으로 지정, [회전]-[좌우 대칭]을 선택해요.
- 회전 : 원하는 모양으로 회전해요.

📁 **준비파일** [빈 화면] 슬라이드   📁 **완성파일** 6-2 바다꾸미기(완성).pptx

01 도형을 이용하여 물고기를 만들어 바닷속을 꾸며 보세요.

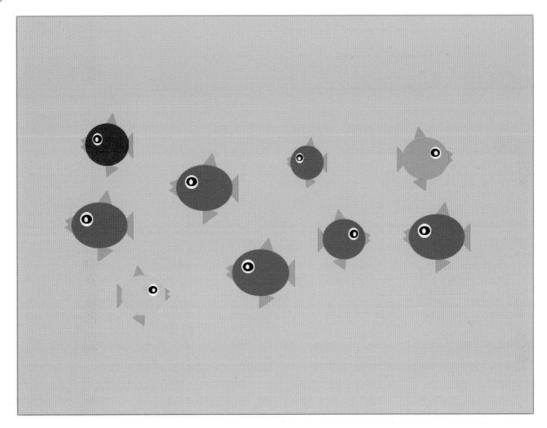

🔖 **힌트**
- 배경색 : 원하는 색으로 바꿔요.
- 도형 : [기본 도형]-[타원(○)], [기본 도형]-[이등변 삼각형(△)]
- 복사하기 : 물고기 한마리를 완성하여 복사하기를 이용해요.
- 회전 : 물고기를 [좌우 대칭]으로 회전해요.

07 단원 반짝이는 밤 하늘

 01
IQ UP - 색칠하기

1 그림을 멋지게 색칠해 보아요.

2 낱말을 보고, 소리내어 읽은 후 파워포인트에 옮겨 적어보세요.

> 산토끼 토끼야 어디로 가느냐
> 깡총깡총 뛰면서 어디를 가느냐
> 산고개 고개를 나혼자 넘어서
> 토실토실 알밤을 주워서 올 테야

 02 **애니메이션 효과 삽입하기**

애니메이션(Animation) 효과란?
컴퓨터 내부에서 생성되는 일련의 화상을 화면상에 연속적으로 표시하여 움직이는 것같이 보이게 하는 기법, 또는 그와 같이 한 영상을 말해요. 최근 컴퓨터 이용 학습(CAI) 등에서도 학습자의 이해를 돕기 위해, 복잡하고 어려운 내용을 위한 해설에 많이 쓰고 있어요.

1 어두운 밤하늘에 반짝이는 별과 달을 표현하기 위해 '7-1 밤하늘.pptx' 파일을 불러오기 합니다.

 파워포인트에서 [파일]-[열기] 메뉴를 선택하여 파일을 열기합니다.

2 '달' 도형을 선택하고 [애니메이션] 탭-[애니메이션] 그룹에서 [올라오기]를 선택합니다.

 리본 메뉴 오른쪽 [자세히(▽)] 단추를 클릭하면 여러 개의 애니메이션을 선택할 수 있어요.

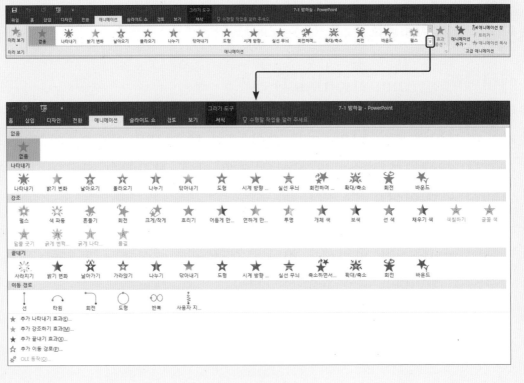

3 '달' 도형에 1 의 번호가 나타났으면 애니메이션 효과가 설정되었습니다.

![함나 더알기] **애니메이션 추가 옵션**

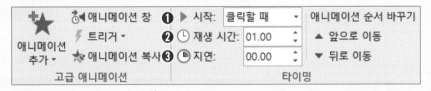

❶ 시작 : 애니메이션의 재생 시작 시점을 선택하며 '클릭할 때, 이전 효과와 함께, 이전 효과 다음에'를 선택할 수 있어요.

❷ 재생 시간 : 애니메이션의 길이를 지정해요.

❸ 지연 시간 : 몇 초 후에 애니메이션을 재생해요.

4 '달' 도형을 선택하고 [애니메이션] 탭-[타이밍] 그룹에서 [시작 : 클릭할 때]로 지정합니다.

5 [애니메이션] 탭-[미리 보기] 그룹에서 [미리 보기()] 아이콘을 클릭하여 '달' 도형의 애니메이션을 확인합니다.

 알아두기 애니메이션 미리 보기
[애니메이션] 탭-[미리 보기] 그룹에서 [미리 보기(★)] 단추를 눌러 애니메이션을 미리 볼 수 있어요.

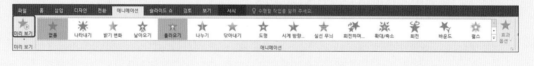

6 '포인트가 5개인 별(★)' 도형을 선택하고 애니메이션 효과를 지정하기 위해 [자세히(▽)] 단추를 누르고, [회전]을 선택합니다.

7 [애니메이션] 탭-[타이밍] 그룹에서 [시작 : 이전 효과와 함께]로 선택합니다.

8 '별' 도형에 ▨2 의 번호가 나타났으면 [애니메이션] 탭-[미리 보기] 그룹에서 [미리 보기(★)] 아이콘을 클릭하여 별이 움직이는 것을 확인합니다.

9 '포인트가 4개인 별(✦)' 도형을 선택하고 애니메이션 효과를 지정하기 위해 [자세히(▾)] 단추를 누르고, [바운드]를 택합니다.

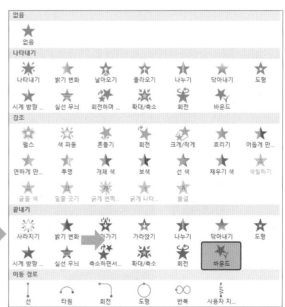

10 [애니메이션] 탭-[타이밍] 그룹에서 [시작 : 이전 효과와 함께]로 지정합니다.

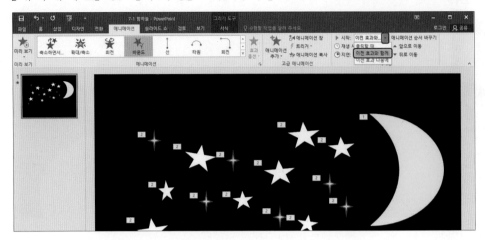

11 '별' 도형에 [2]의 번호가 나타났으면 [애니메이션] 탭-[미리 보기] 그룹에서 [미리 보기(★)] 아이콘을 클릭하여 별이 움직이는 것을 확인합니다.

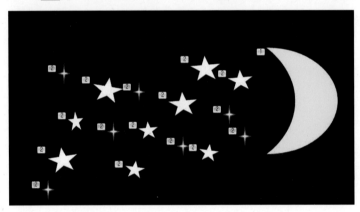

하나 더알기 애니메이션 효과 지우기

1 애니메이션 효과를 지울 도형을 선택하고 [애니메이션] 탭-[애니메이션] 그룹의 애니메이션 항목에서 [없음(★)]을 선택해요.

2 달 도형에 번호가 사라진 것을 확인할 수 있어요.

 애니메이션 효과를 지울 도형을 선택하고, 도형에 있는 [숫자
(1)] 를 클릭한 후 Delete 키를 누르면 애니메이션 효과를 삭제시
킬 수 있어요.

03 폴더 및 파일 삭제하기

1 바탕 화면에서 [휴지통]을 더블 클릭합니다.

더블 클릭

 휴지통 모양

- 휴지통에 있는 폴더 및 파일을 삭제하면 휴지통 모양이 채워진 모양으로 변경돼요.

- [휴지통 비우기]를 하면 비워진 모양으로 변경돼요.

2 [휴지통] 창이 나타나며 휴지통에는 삭제시킨 폴더와 파일이 있습니다.

1 복원시킬 [홍길동] 폴더를 선택하고 리본 메뉴에서 [선택한 항목 복원]을 클릭합니다.

 휴지통에서 파일을 복원시키면 삭제했었던 원래 위치로 되돌아 가요.

2 휴지통 창에서 [홍길동] 폴더가 사라졌습니다.

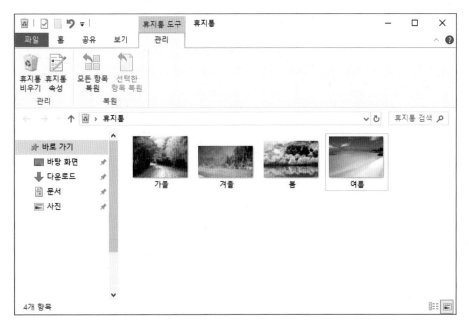

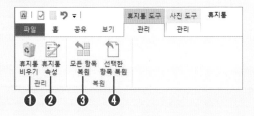 **휴지통 도구**

● 휴지통 비우기 : 휴지통의 모든 항목을 삭제시킬 수 있어요.

● 휴지통 속성 : 휴지통의 사용 가능한 공간을 변경하고 삭제 확인 메시지를 켜거나 끌 수 있어요.

● 모든 항목 복원 : 휴지통의 모든 항목을 복원시킬 수 있어요.

● 선택한 항복 복원 : 선택한 항목이 컴퓨터의 원래 위치로 이동되요.

1 리본 메뉴에서 [휴지통 비우기]를 클릭하면 휴지통에 있는 모든 항목을 완전히 삭제하겠냐는 메시지가 나타납니다.

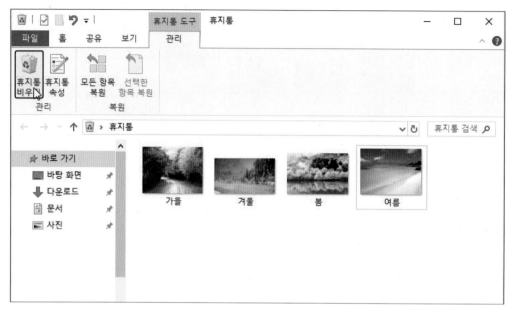

2 [여러 항목 삭제] 창에서 [예] 단추를 클릭합니다.

3 [휴지통] 창에 있던 모든 항목이 모두 삭제되었습니다.

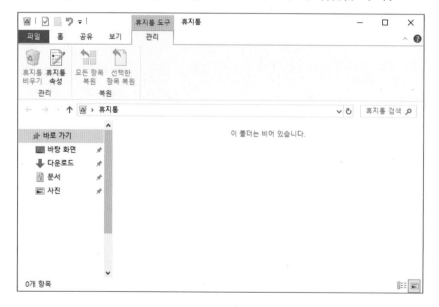

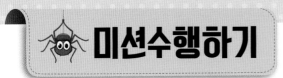 **미션수행하기**

📁 **준비파일** 7-2 밤하늘.pptx　　📁 **완성파일** 7-2 밤하늘(완성).pptx

01 별과 달에게 애니메니션 효과를 넣어보고 미리보기를 해보세요.

힌트
- 달 도형 애니메이션 : 확대 축소(클릭할 때)
- 포인트가 5개인 별 애니메이션 : 도형(이전 효과와 함께)
- 포인트가 4개인 별 애니메이션 : 흔들기(이전 효과와 함께)

혼자해보기

📁 **준비파일**　7-3 물고기.pptx
　　　　　　　　7-3 눈오는날.pptx

📂 **완성파일**　7-3 물고기(완성).pptx
　　　　　　　　7-3 눈오는날(완성).pptx

01 물고기 파일을 불러와서 물고기들에게 애니메이션 효과를 넣어보세요.

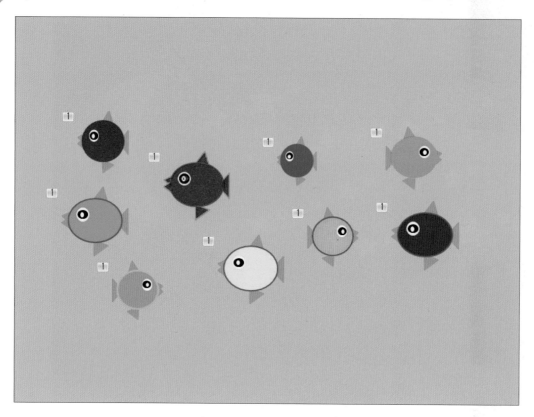

힌트
- 다홍 물고기 애니메이션 : 날아오기(클릭할 때)
- 분홍 물고기 애니메이션 : 크게/작게(이전 효과와 함께)
- 녹색 물고기 애니메이션 : 흔들기(이전 효과와 함께)
- 빨강 물고기 애니메이션 : 올라오기(이전 효과와 함께)
- 파랑 물고기 애니메이션 : 회전(이전 효과와 함께)
- 노랑 물고기 애니메이션 : 확대/축소(이전 효과와 함께)
- 주황 물고기 애니메이션 : 가라앉기(이전 효과와 함께)
- 자주 물고기 애니메이션 : 나타내기(이전 효과와 함께)
- 연한 파랑 물고기 애니메이션 : 회전하며(이전 효과와 함께)

02 눈오는날 파일을 불러와서 눈에 애니메이션 효과를 넣어보세요.

힌트 눈 8개 애니메이션 : 추가 이동 경로 → [직선 및 곡선 경로 – 아래로] →
선(선 길이 조절) → 이전 효과와 함께

08 단원 칙칙폭폭 도형 기차 만들기

따라하기 01 IQ UP - 색칠하기

1 그림 속에 도형이 숨어 있어요. 도형을 예쁘게 색칠해 보아요.

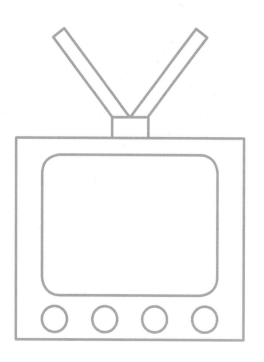

2 낱말을 보고, 소리내어 읽은 후 파워포인트에 옮겨 적어보세요.

리 리 릿자로 끝나는 말은

괴나리 보따리 댑사리 소쿠리 유리 항아리

리 리 릿자로 끝나는 말은

꾀꼬리 목소리 개나리 울타리 오리 한 마리

 02 **도형 정렬하기**

정렬하기는 도형의 순서를 말하며 도형의 순서를 변경할 수 있습니다. 처음에 삽입한 도형이 맨 밑에 삽입되며 가장 나중에 삽입한 도형은 맨 위에 삽입됩니다. 도형을 선택하고 마우스 오른쪽 단추를 클릭하여 도형의 순서를 변경합니다.

1 직사각형을 선택하고 마우스 오른쪽 단추를 클릭하고 [맨 앞으로 가져오기] 메뉴를 선택합니다.

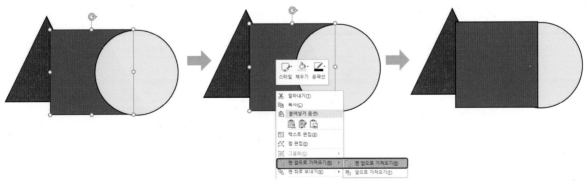

❶ '직사각형'을 선택해요.　　❷ [맨 앞으로 가져오기] 메뉴를 선택해요.　　❸ '직사각형'이 맨 위로 나왔어요.

2 직사각형을 선택하고 마우스 오른쪽 단추를 클릭하고 [맨 뒤로 보내기]–[맨 뒤로 보내기] 메뉴를 선택합니다.

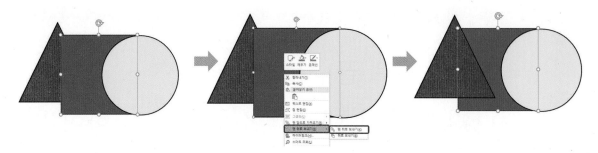

➊ '직사각형'을 선택해요.　　➋ [맨 뒤로 보내기] 메뉴를 　　➌ '직사각형'이 맨 뒤로
　　　　　　　　　　　　　　　선택해요.　　　　　　　　　보내졌어요.

3 직사각형을 선택하고 마우스 오른쪽 단추를 클릭하고 [맨 뒤로 보내기]–[뒤로 보내기] 메뉴를 선택합니다.

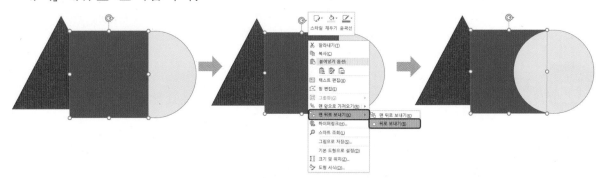

➊ '직사각형'을 선택해요.　　➋ [맨 뒤로 보내기]–[뒤로 보내기] 　　➌ '직사각형'이 타형 뒤로
　　　　　　　　　　　　　　　메뉴를 선택해요.　　　　　　　　보내졌어요.

4 직사각형을 선택하고 마우스 오른쪽 단추를 클릭하고 [맨 앞으로 가져오기]–[앞으로 가져오기] 메뉴를 선택합니다.

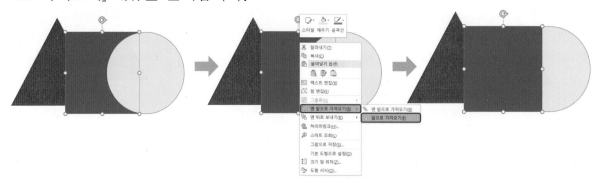

➊ '직사각형'을 선택해요.　　➋ [맨 앞으로 가져오기]–[앞으로 　　➌ '직사각형'이 타원 앞으로
　　　　　　　　　　　　　　　가져오기] 메뉴를 선택해요.　　　　나왔어요.

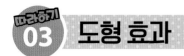

03 도형 효과

원하는 도형에 여러 가지 도형 효과를 지정할 수 있습니다. 도형을 선택하고 [그리기 도구]-[서식] 탭-[도형 스타일] 그룹-[도형 효과(⬤)]를 선택하면 기본 설정, 그림 자, 반사, 네온, 부드러운 가장자리, 입체 효과, 3차원 회전의 종류들이 있습니다.

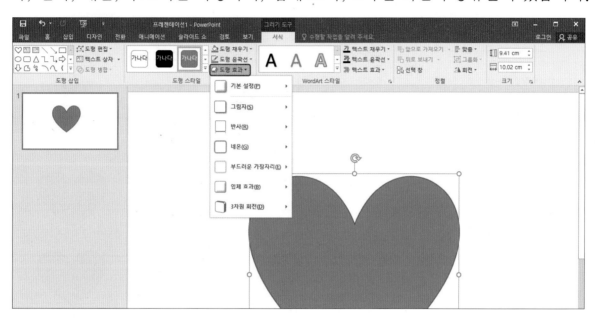

하나 더알기 도형 효과 종류

1 [기본 설정] 종류

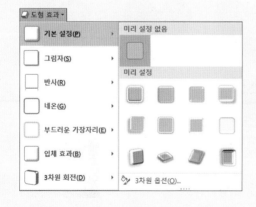

기본설정1	기본설정2	기본설정3	기본설정4
기본설정5	기본설정6	기본설정7	기본설정8
기본설정9	기본설정10	기본설정11	기본설정12

② [그림자 효과] 종류

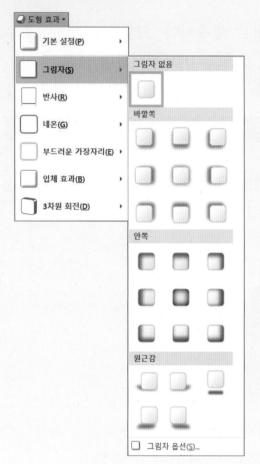

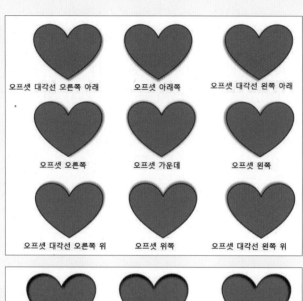

오프셋 대각선 오른쪽 아래 　 오프셋 아래쪽 　 오프셋 대각선 왼쪽 아래

오프셋 오른쪽 　 오프셋 가운데 　 오프셋 왼쪽

오프셋 대각선 오른쪽 위 　 오프셋 위쪽 　 오프셋 대각선 왼쪽 위

안쪽 대각선 왼쪽 위 　 안쪽 위쪽 　 안쪽 대각선 오른쪽 위

안쪽 왼쪽 　 안쪽 가운데 　 안쪽 오른쪽

안쪽 대각선 왼쪽 아래 　 안쪽 아래쪽 　 안쪽 대각선 오른쪽 아래

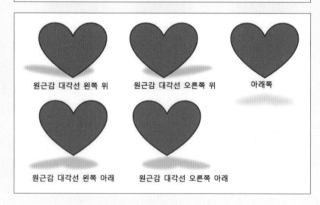

원근감 대각선 왼쪽 위 　 원근감 대각선 오른쪽 위 　 아래쪽

원근감 대각선 왼쪽 아래 　 원근감 대각선 오른쪽 아래

3 [반사 효과] 종류

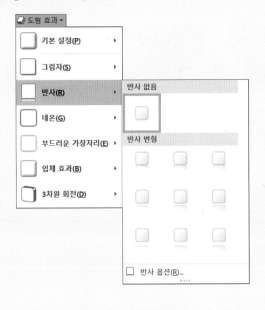

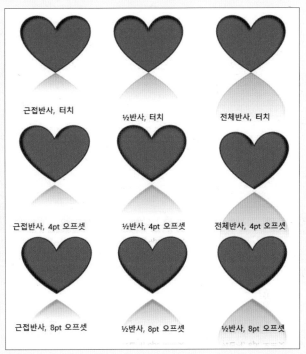

근접반사, 터치   ½반사, 터치   전체반사, 터치

근접반사, 4pt 오프셋   ½반사, 4pt 오프셋   전체반사, 4pt 오프셋

근접반사, 8pt 오프셋   ½반사, 8pt 오프셋   ½반사, 8pt 오프셋

4 [네온 효과] 종류

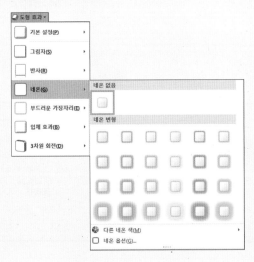

5 [부드러운 가장자리] 종류

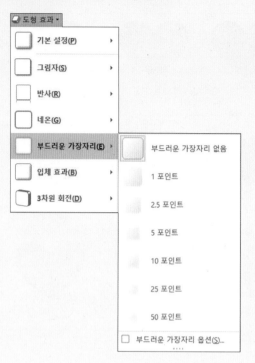

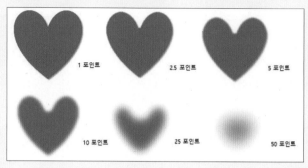

6 [입체 효과] 종류

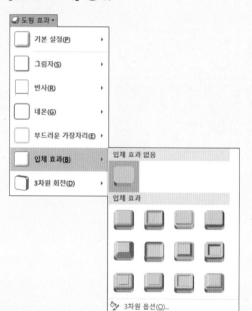

입체효과
둥글게

입체효과
낮은 수준의 경사

입체효과
십자형으로

입체효과
비스듬하게

입체효과
각지게

입체효과
부드럽게 둥글리기

입체효과
볼록하게

입체효과
급경사

입체효과
디벗

입체효과
리블렛

입체효과
딱딱한 가장자리

입체효과
아트데코

7 [3차원 회전] 종류

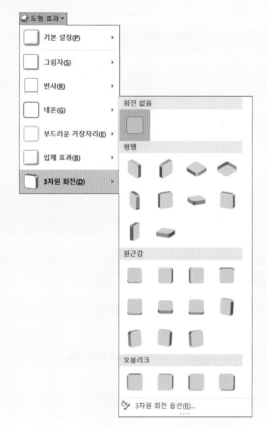

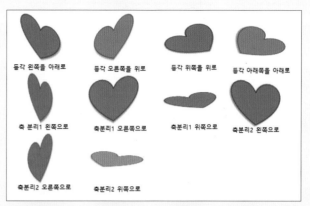

등각 왼쪽을 아래로   등각 오른쪽을 위로   등각 위쪽을 위로   등각 아래쪽을 아래로

축 분리1 왼쪽으로   축분리1 오른쪽으로   축분리1 위쪽으로   축분리2 왼쪽으로

축분리2 오른쪽으로   축분리2 위쪽으로

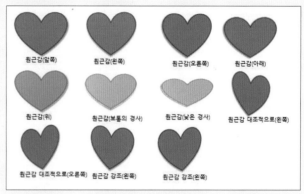

원근감(앞쪽)   원근감(왼쪽)   원근감(오른쪽)   원근감(아래)

원근감(위)   원근감(보통의 경사)   원근감(낮은 경사)   원근감 대조적으로(왼쪽)

원근감 대조적으로(오른쪽)   원근감 강조(왼쪽)   원근감 강조(왼쪽)

왼쪽 위 오블리크   오른쪽 위 오블리크   왼쪽 아래 오블리크   오른쪽 아래 오블리크

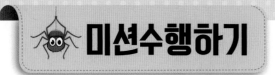

 준비파일 [빈 화면] 슬라이드   완성파일 8-1 도형기차(완성).pptx

01 원하는 도형으로 도형 기차를 만들어 보세요.

힌트
- 도형 : [사각형]-[직사각형(□)], [기본 도형]-[이등변 삼각형(△)],
  [기본 도형]-[타원(○)], [순서도]-[가산 접합(⊗)], [기본 도형]-[막힌 원호(⌒)]
- 도형 효과 : [네온] 효과

준비파일 [빈 화면] 슬라이드   **완성파일** 8-2 숲(완성).pptx

01 도형을 이용하여 멋진 숲을 완성해 보세요.

힌트
- 도형 : [사각형]-[직사각형(□)], [기본 도형]-[이등변 삼각형(△)],
  [기본 도형]-[타원(○)], [기본 도형]-[정오각형(⬠)]
- 도형 효과 : [네온] 효과

자동차 경주하기

따라하기
01

01 IQ UP - 틀린 그림 찾기

1 두 개의 그림을 자세히 보고 틀린 그림 6개를 찾아보아요.

2 낱말을 보고, 소리내어 읽은 후 파워포인트에 옮겨 적어보세요.

> 떴다 떴다 비행기 날아라 날아라
> 높이 높이 날아라 우리 비행기
> 내가 만든 비행기 날아라 날아라
> 멀리 멀리 날아라 우리 비행기

 02 애니메이션 효과 활용

그린 도형이 움직이는 것처럼 애니메이션 효과를 주어 표현할수 있어요. 애니메이션 종류에는 나타내기, 강조, 끝내기와 추가 나타내기 효과, 추가 강조하기 효과, 추가 끝내기 효과, 추가 이동 경로의 애니메이션 효과가 있어요. 추가 이동경로를 이용하여 내가 그려주는 데로 자연스럽게 움직이게 효과를 넣어보아요.

1 자동차가 경주하는 것을 표현하기 위해 '9-1 자동차경주.pptx' 파일을 불러오기 합니다.

2 '자동차' 도형을 선택하고 [그리기 도구]-[서식] 탭-[정렬] 그룹-[그룹]을 선택합니다.

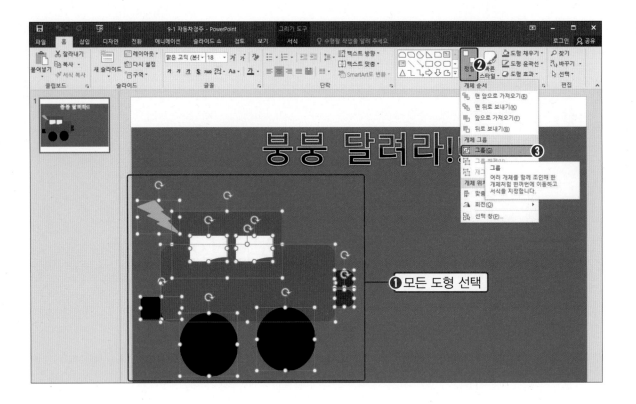

3 그룹으로 지정한 '자동차'를 선택하고 [애니메이션] 탭–[자세히(▽)] 단추를 클릭하여 [추가 이동 경로]를 선택합니다.

4 [이동 경로 변경] 대화상자에서 [직선 및 곡선 경로]–[오른쪽으로]를 선택하고 [확인] 단추를 클릭합니다.

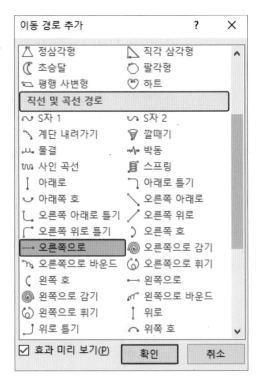

5 계속해서 [애니메이션] 탭-[자세히(▾)] 단추를 클릭하고 [이동 경로-사용자 지정 경로]를 선택합니다.

6 마우스 포인터가 바뀌면 경로를 지정할 위치를 선택하고 마우스를 드래그하면서 가고자 하는 방향으로 그립니다.

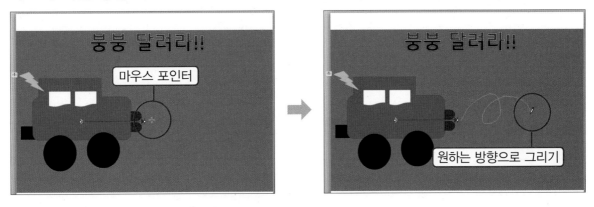

7 경로를 완성하였으면 더블 클릭하여 마무리합니다. [애니메이션] 탭-[미리 보기] 그 룹-[미리 보기(★)]를 클릭하면 자동차가 달리는 것처럼 애니메이션 효과가 나타 납니다.

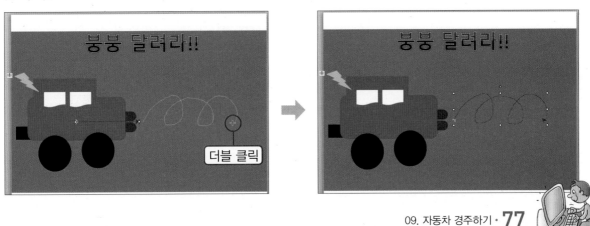

1 [D 드라이브] 창의 내 이름(홍길동) 폴더를 선택합니다. '봄' 이미지 파일을 선택하고 [홈] 탭에서 [복사]를 클릭합니다.

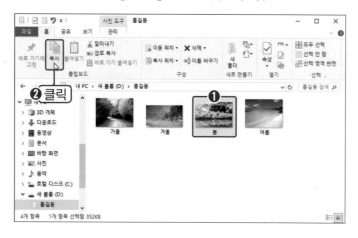

2 [홈] 탭에서 [붙여넣기]를 클릭하면 파일이 하나 더 추가되어 복사된 것을 확인할 수 있습니다.

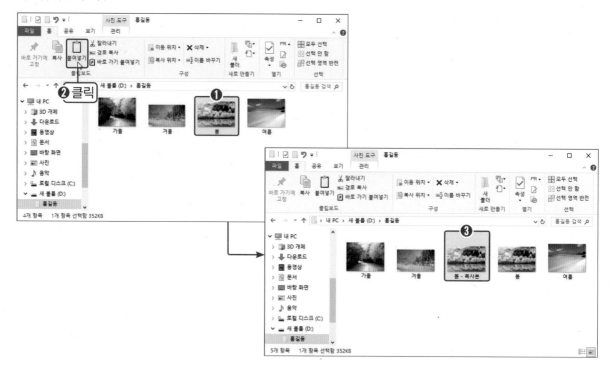

 파일을 선택하고 Ctrl+C 키를 누르면 복사되어 Ctrl+V 키를 누르면 붙여넣기를 쉽게 할 수 있어요.

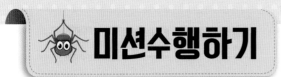

01 자동차를 각각 그룹 지정하고 자동차에 애니메이션을 지정해 보세요.

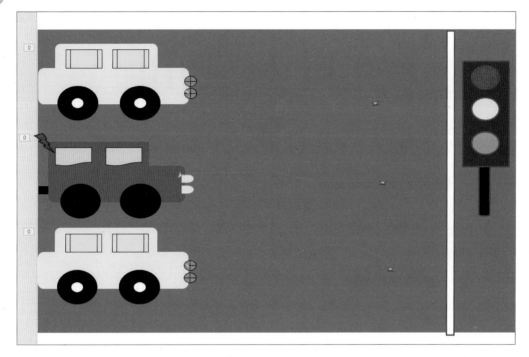

힌트 자동차 : [애니메이션] 탭-[자세히 - 추가 이동 경로] 선택 → 사용자 지정 경로를 선택하고 드래그를 하며 가고자 하는 방향으로 그려줘요. → 경로를 완성하였으면 더블 클릭하여 마무리해줘요.

02 애니메이션 효과에 시작 효과와 시간을 적용해 보세요.

힌트 [애니메이션] 탭-[타이밍] 그룹-[시작 : 이전 효과와 함께] 클릭해요.

준비파일 9-3 날아라비행기.pptx   완성파일 9-3 날아라비행기(완성).pptx

01 비행기 도형을 그룹지정하고 비행기가 날아가는 것처럼 애니메이션 효과를
지정해 보세요.

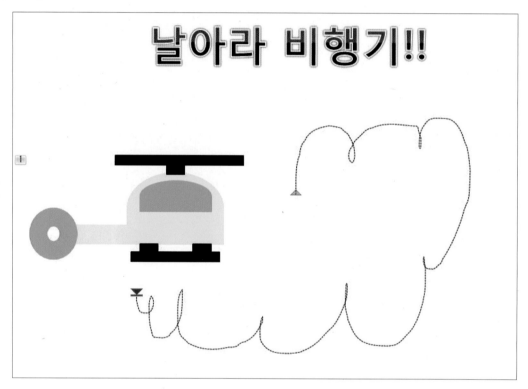

힌트 비행기 : [애니메이션] 탭-[자세히 - 추가 이동 경로] 선택 → 사용자 지정 경로를 선택
하고 드래그를 하며 가고자 하는 방향을 그려줘요. → 경로를 완성하였으면 더블 클릭
하여 마무리해줘요.

10 단원 맛있는 간식 만들기

따라하기 01 IQ UP - 색칠하기

1 간식을 맛있게 색칠해 보아요. 맛있겠죠?

2 낱말을 보고, 소리내어 읽은 후 파워포인트에 옮겨 적어보세요.

> 곰 세마리가 한 집에 있어
> 아빠곰, 엄마곰, 애기곰
> 아빠곰은 뚱뚱해, 엄마곰은 날씬해
> 애기곰은 너무 귀여워, 으쓱으쓱 잘한다.

따라하기 02 도형에 패턴 채우기 효과 활용

도형 내부에 패턴을 채워서 다른 느낌의 도형을 표현해 보고 전경색과 배경색 무늬를 이용하여 개성있는 도형을 만들어 활용해 보세요.

1 도형에 패턴을 적용하기 위해 '10-1 간식.pptx' 파일을 불러오기 합니다.

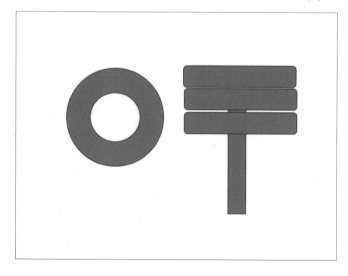

2 맛있는 간식 도형에 패턴을 적용하기 위해 도넛 모양 도형을 선택하고 마우스 오른쪽 단추를 눌러 [도형 서식] 메뉴를 선택합니다.

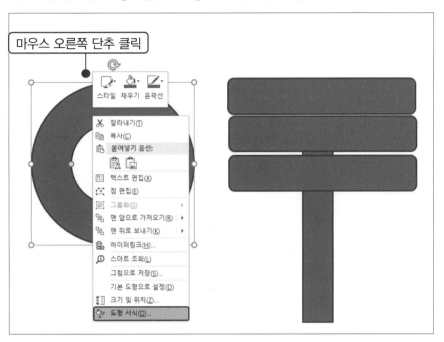

3 [도형 서식] 대화상자의 [채우기]에서 '패턴 채우기'를 선택하고 '색종이 조각' 패턴을 선택합니다.

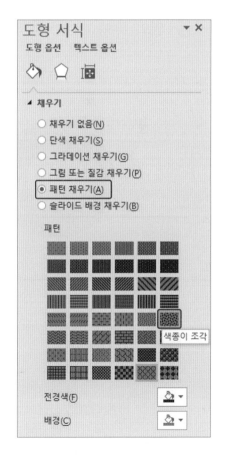

 전경색(주황, 강조 6, 50% 더 어둡게)과 배경색(주황, 강조 6, 25% 더 어둡게)을 지정하고 [닫기] 단추를 선택합니다.

4 도넛의 선 색을 바꾸기 위해 [그리기 도구]−[서식] 탭−[도형 스타일] 그룹−[도형 윤곽선]에서 '주황, 강조 6, 50% 더 어둡게'를 선택하고, 선 두께를 '3pt'를 선택합 니다.

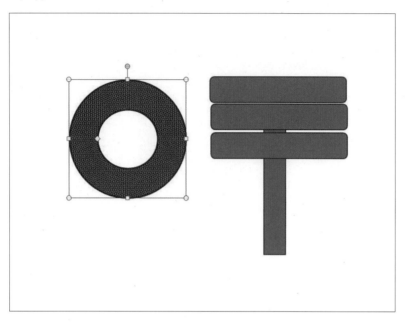

5 위와 동일한 방법으로 떡꼬치도 완성해 봅니다.

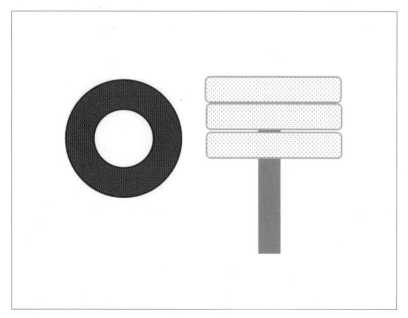

- 떡꼬치 패턴과 선 두께 : 5%, 3pt
- 떡꼬치 전경색 : 주황, 강조 6, 50% 더 어둡게
- 떡꼬치 배경색 : 흰색, 배경 1

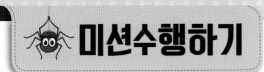
미션수행하기

📁 **준비파일** 10-2 간식.pptx   📁 **완성파일** 10-2 간식(완성).pptx

01 맛있는 간식 도형에 패턴을 적용해 보세요.

> # 맛있는 간식!!

 • 패턴 : 빵(90%), 햄(넓은 상향 대각선)
• 도형 색 : 도형 색은 원하는 색으로 꾸며요.
• 선 두께 : 3pt

준비파일 10-3 피자.pptx    완성파일 10-3 피자(완성).pptx

01 도형을 이용하여 맛있는 피자를 완성해 보세요.

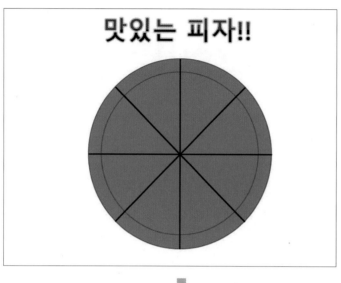

- 도형 : [기본 도형]-[타원(○)], [기본 도형]-[막힌 원호(◠)]
- 타원 도형 : 도형을 복사하여 피자 도우를 만들어요.
- 막힌 원호 도형 : 도형을 복사하고 회전시켜 피자 도우를 만들어요.
- 패턴 : 넓은 하향 대각선, 양방향 사선

날아라! 바람개비

1 그림을 보고 단어의 끝말을 이어보아요. 자! 도전해 볼까요?

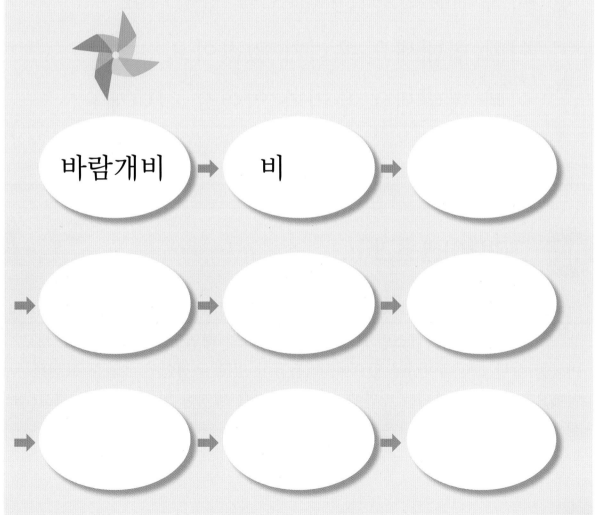

2 낱말을 보고, 소리내어 읽은 후 파워포인트에 옮겨 적어보세요.

딩동댕 초인종 소리에 얼른 문을 열었더니

그토록 기다리던 아빠가 문 앞에 서 계셨죠

너무나 반가워 웃으며 아빠하고 불렀는데

어쩐지 오늘 아빠의 얼굴이 우울해 보이네요

무슨 일이 생겼나요 무슨 걱정 있나요

마음대로 안 되는 일 오늘 있었나요

아빠 힘내세요 우리가 있잖아요

아빠 힘내세요 우리가 있어요 힘내세요

02 그라데이션 효과

그라데이션이란 색상이 서서히 변화하는 것으로 단계적인 변화, 점진적으로 변화하는 것을 의미해요. 자연스럽게 변해 가는 조화의 배열로서 색상, 명도, 채도, 톤의 변화를 살린 그라데이션이 있으며, 리듬감이 있고 움직임의 효과를 표현하는 배색이에요. 색채가 조화되는 배열에 따라서 시선을 일정한 방향으로 유인하고, 3색 이상의 다색 배색에 이와 같은 효과가 나타나요.

1 [기본 도형]–[직각 삼각형(◺)]을 그리고, 도형을 선택합니다.

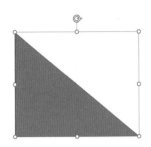

2 [그리기 도구]–[서식] 탭–[도형 스타일] 그룹–[도형 채우기(🖌)]–[그라데이션]을 선택합니다.

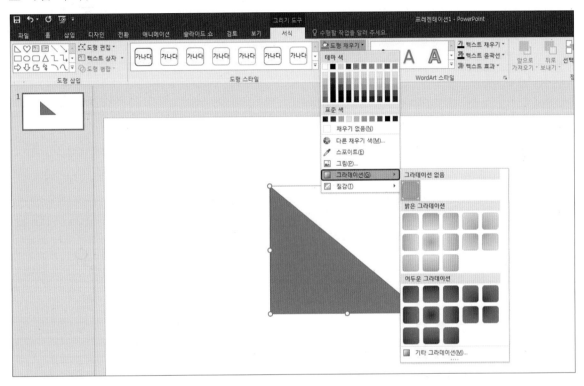

3 그라데이션 중에서 '밝은 그라데이션 – 가운데에서'를 선택합니다.

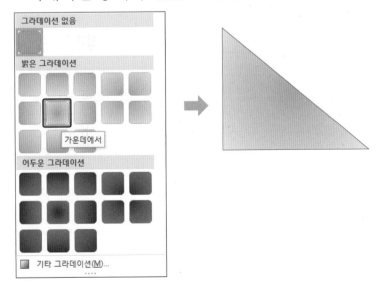

1 [D 드라이브] 창의 내 이름(홍길동) 폴더를 선택합니다.

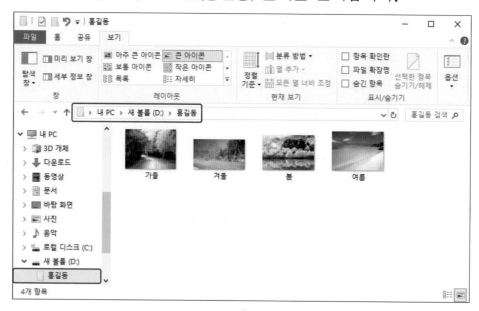

2 [홍길동] 폴더 창의 [홈] 탭에서 '모두 선택'을 클릭하면 파일이 모두 선택됩니다.

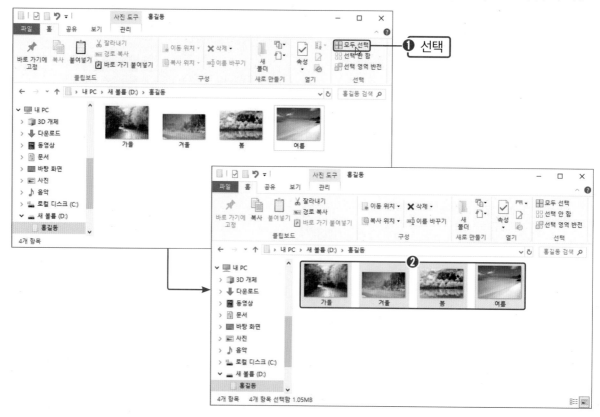

 Ctrl+A 키를 누르면 폴더 및 파일이 모두 선택됩니다.

3 [홍길동] 폴더 창의 [홈] 탭에서 '선택 안 함'을 클릭하면 선택된 파일이 모두 해제됩니다.

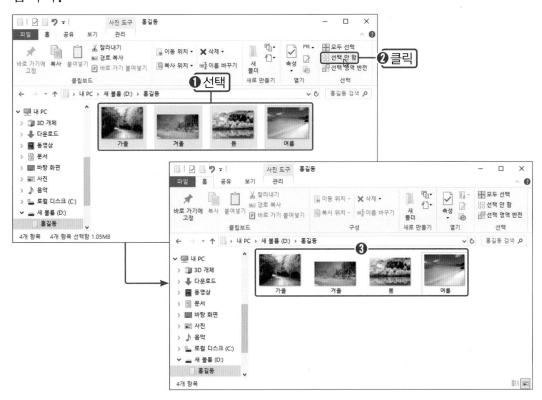

4 [홍길동] 폴더 창에서 '봄' 이미지 파일을 선택하고 [홈] 탭에서 '선택 영역 반전'을 클릭하면 나머지 파일이 모두 선택됩니다.

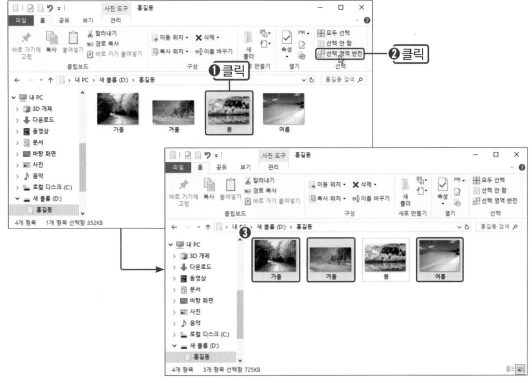

하나더알기 연속적으로 또는 떨어져 있는 파일 선택

1 연속적으로 파일 선택하기 : '가을' 이미지 파일을 선택하고 Shift 키를 누른 채로 '봄' 이미지 파일을 클릭하면 연속적인 파일이 선택됩니다.

2 서로 떨어져 있는 파일 선택하기 : '겨울' 이미지 파일을 선택하고 Ctrl 키를 누른 채로 '여름' 이미지 파일을 클릭하면 떨어져있는 파일이 선택됩니다.

3 마우스로 파일 선택하기 : 원하는 폴더 및 파일을 선택하기 위해 마우스를 원하는 곳에 위치시키고 드래그하면 폴더 및 파일을 선택할 수 있어요.

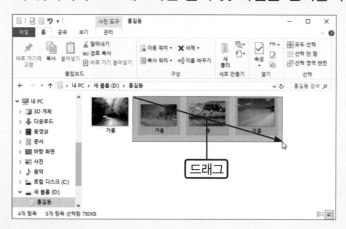

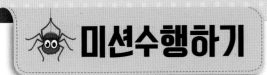**미션수행하기**

📁 **준비파일** 11-1 바람개비.pptx　　📁 **완성파일** 11-1 바람개비(완성).pptx

01 도형을 이용하여 바람개비를 그리고, 움직이는 것처럼 애니메이션 효과를 적용해 보세요.

 • 도형 채우기 : [그리기 도구]-[서식] 탭-[도형 스타일] 그룹-[도형 채우기(🎨)] -[그라데이션] 선택
 • 막대 패턴 : 수평 벽돌 무늬
 • 그룹 및 회전 : 바람 개비를 그룹으로 묶고 회전하기를 해주세요.
 • 애니메이션 : 강조 - 회전

준비파일 11-2 방패연.pptx  완성파일 11-2 방패연(완성).pptx

01 도형을 이용하여 멋있는 방패연을 그리고 애니메이션 효과를 적용해 보세요.

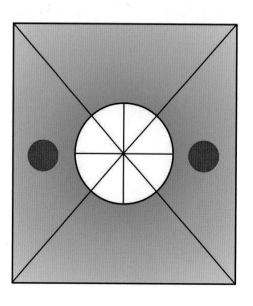

날아라 방패연!

- 도형 : [기본 도형]-[타원(○)], [선]-[선(╲)]
- 그라데이션 : 그라데이션을 '가운데에서'로 지정해요.
- 그룹 : 방패연 도형 모두를 그룹으로 지정해요.
- 애니메이션 : 이동 경로 - 반복

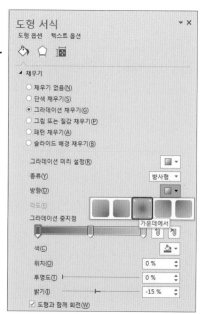

12 단원 귀여운 꽃게

1 동물들을 색칠해 보아요.
어떤 동물이 가장 멋질까요?

기린

양

원숭이

거북이

2 낱말을 보고, 소리내어 읽은 후 파워포인트에 옮겨 적어보세요.

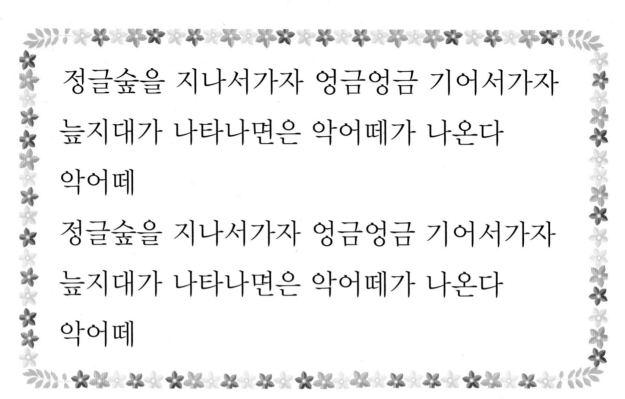

> 정글숲을 지나서가자 엉금엉금 기어서가자
> 늪지대가 나타나면은 악어떼가 나온다
> 악어떼
> 정글숲을 지나서가자 엉금엉금 기어서가자
> 늪지대가 나타나면은 악어떼가 나온다
> 악어떼

따라하기 02 선과 곡선 그리기

1 [파일]-[도형]-[선-선(＼)]을 선택합니다.

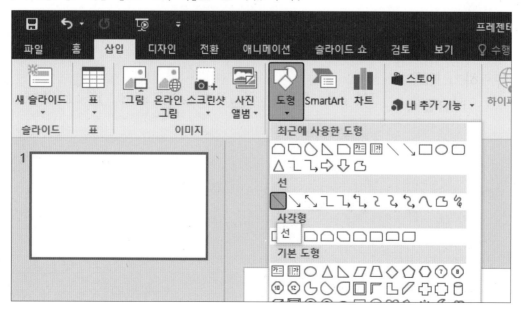

2 마우스 포인터 모양이 바뀌면 마우스를 드래그하여 선을 그립니다.

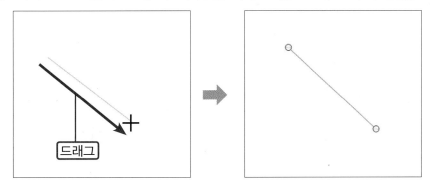

3 선을 선택하고 [그리기 도구]–[서식] 탭–[도형 스타일] 그룹–[도형 윤곽선(✏)]
에서 '표준 색 – 녹색'으로 변경하고, [두께(☰ 두께(W)) – '3pt']를 선택합니다.

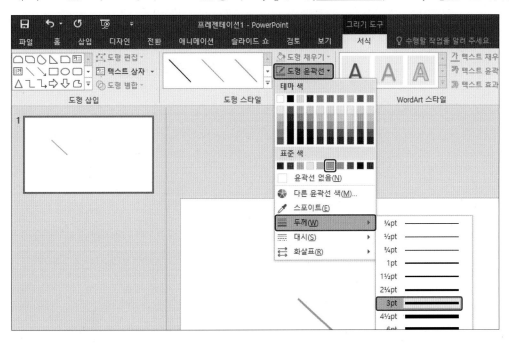

4 선을 복사하기 위해 [Ctrl] 키를 누르고 있는 상태에서 오른쪽으로 드래그앤 드롭합
니다.

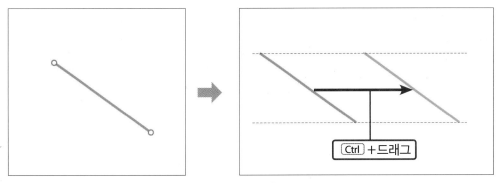

5 복사한 선을 회전시키기 위해 선을 선택하고, [그리기 도구]-[서식] 탭-[정렬] 그룹-[회전]-[좌우 대칭]을 선택합니다.

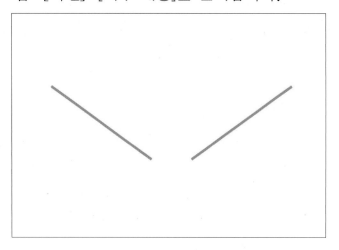

6 계속해서 [도형]-[선—곡선(⌒)]을 선택하고 드래그하여 곡선을 그립니다.

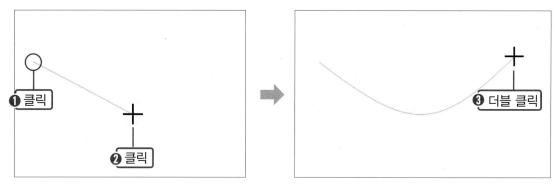

❶ 원하는 곳에서 클릭하고 드래그해요.
❷ 곡선으로 구부러지는 부분에서 클릭해요.

❸ 곡선이 만들어졌으면 더블 클릭하여 곡선을 완성해요.

7 곡선을 선택하고 [그리기 도구]-[서식] 탭-[도형 스타일] 그룹-[도형 윤곽선 (✐)]에서 '표준 색 – 빨강'으로 변경하고 [두께(☰ 두께(W))]-'6pt'를 선택합니다.

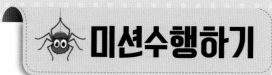

미션수행하기

준비파일 12-1 꽃게.pptx 완성파일 12-1 꽃게(완성).pptx

01 도형을 이용하여 귀여운 꽃게를 완성해 보세요.

힌트
- 도형 : [기본 도형]-[타원(◯)], [기본 도형]-[하트(♡)],
  [기본 도형]-[사다리꼴(△)], [선]-[선(＼)], [선-곡선(︿)]
- 선 두께 : 꽃게 입 - 6pt, 나머지 도형 - 3pt
- 그룹화 : 완성한 도형을 그룹으로 지정해요.
- 애니메이션 : 흔들기 효과 지정

준비파일 12-2 동물.pptx   완성파일 12-2 동물(완성).pptx

01 도형을 이용하여 펭귄과 토끼를 완성해 보세요.

힌트
- 도형 : [기본 도형]-[타원(○)], [선]-[곡선(⌒)]
- 곡선 두께 : 6pt
- 그룹화 : 완성한 도형을 각각 그룹으로 지정해요.
- 애니메이션 : 펭귄 - 실전 무늬, 토끼 - 올라오기

13 단원 아름다운 꽃 그리기

1 꽃길을 따라가 보세요. 예쁜 피카추 인형이 기다릴께예요.

2 낱말을 보고, 소리내어 읽은 후 파워포인트에 옮겨 적어보세요.

> 나의 살던 고향은 꽃피는 산골
>
> 복숭아꽃 살구꽃
>
> 아기진달래 울긋 불긋 꽃대궐 차리인 동네
>
> 그 속에서 놀던 때가 그리습니다
>
> 꽃동네 새동네 차리인 고향 파란들 남쪽에서
>
> 바람이 불면 냇가의 수양버들 춤추는 동네
>
> 그 속에서 놀던 때가 그립습니다.

 ## 도형 복사하기

1 [기본 도형]-[타원(○)]을 선택하여 원하는 곳에 타원을 그립니다.

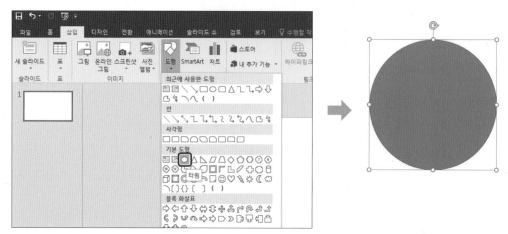

2 타원을 선택하고 마우스 오른쪽 단추를 클릭하고 메뉴
에서 [도형 서식]을 선택합니다.

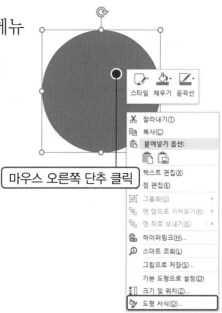

마우스 오른쪽 단추 클릭

3 [도형 서식] 대화상자가 나타나면 [도형 서식]-[채우기]-[전경색]을 '주황'으로 변
경하고, [패턴 채우기]-['넓은 체크 보드' 패턴(▨)]을 선택합니다.

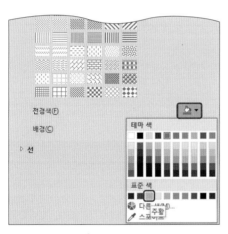
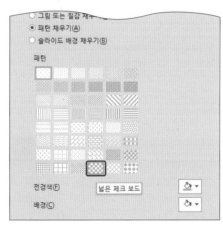
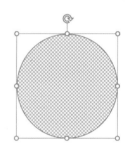

4 [도형 서식] 대화상자의 [선]-[색]에서 [색-주황, 강조 2]을 선택한 후 [너비]를 '3pt'
로 지정합니다.

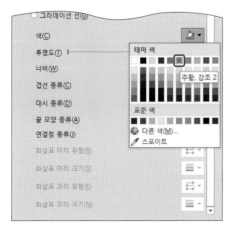

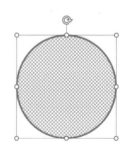

5 위와 동일하게 [기본 도형]-[타원(◯)]을 그리고, [도형 채우기(🖌)]색과 [도형 윤곽선 (✏)] 색을 변경합니다.

6 도형을 복사하기 위해 Ctrl + Shift 키를 동시에 누르고 있는 상태에서 오른쪽으로 드래그앤 드롭합니다.

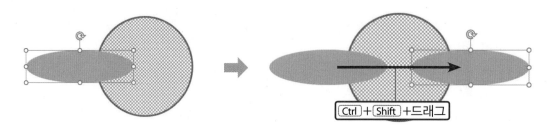

7 도형을 회전시키기 위해 도형을 선택하고 [회전(🔄)]-[오른쪽으로 90도 회전]을 선택합니다.

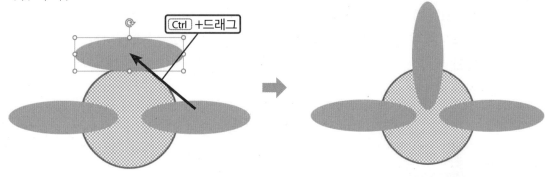

❶ Ctrl 을 이용하여 꽃잎을 위쪽으로 하나 더 복사해요.

❷ 복사한 꽃잎을 [오른쪽으로 90도 회전]하고 크기와 위치를 조절해요.

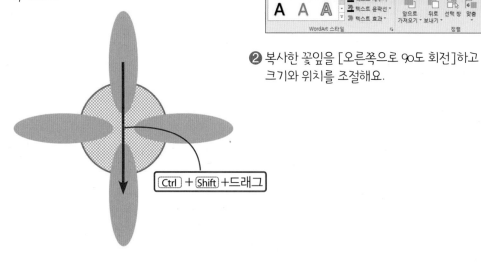

❸ Ctrl + Shift 키를 누른 채로 아래쪽으로 드래그 하여 꽃잎을 하나 더 만들어요.

여러 개의 도형 선택하기

1 Shift + 마우스 클릭 : 여러 개의 도형을 선택할 때 Shift 키를 누른 상태에서 마우스로 도형을 선택해요.

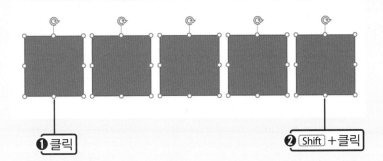

① 클릭
② Shift + 클릭

2 영역 지정으로 여러 개의 도형 선택 : 선택할 도형이 많으면 선택하기가 번거로워요. 이런 경우 마우스로 영역을 지정해서 선택하면 편리해요. 슬라이드 빈 곳에서 사각형을 그리듯이 드래그하여 범위을 지정해요. 범위 안에 모두 포함된 도형은 선택되고 범위에 모두 포함되지 않은 도형은 선택되지 않아요.

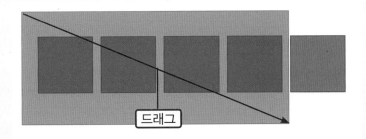

드래그

3 조합키 정리

구분	Shift 키	Ctrl 키
그리기	가로, 세로 같은 비율로 그리기	마우스로 선택한 곳이 중심이 되어 그리기
이동하기	수직, 수평으로 이동하기	세밀하게 이동하기
크기 조절	가로, 세로 비율을 유지하며 크기조절	개체 중심을 기준으로 크기조절
회전	15도 간격으로 회전하기	
개체 선택	여러 개체 선택하기	도형 복사하기

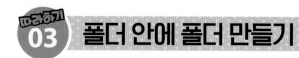

1 [D 드라이브] 창의 리본 메뉴에서 [새 폴더] 클릭하고 '햄버거' 폴더를 만듭니다.

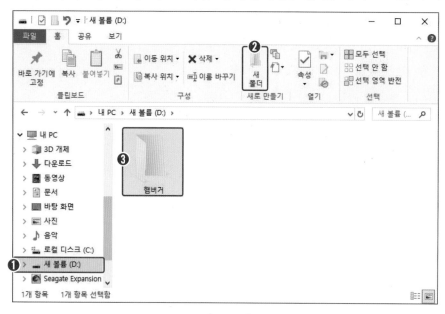

2 '햄버거' 폴더를 더블 클릭하고 햄버거 재료들의 이름 폴더를 만들기 합니다.

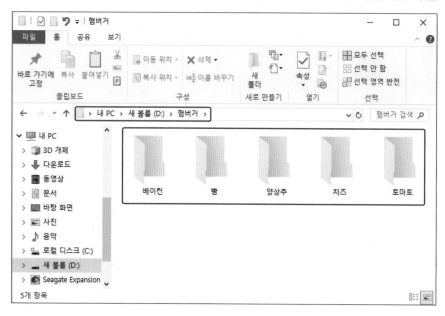

하나 더알기 폴더 보기 형식

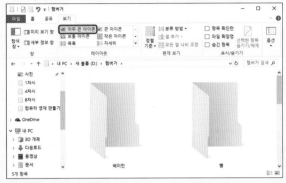

▲ 아주 큰 아이콘

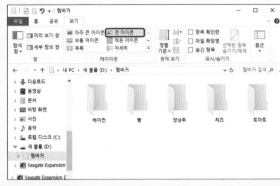

▲ 큰 아이콘

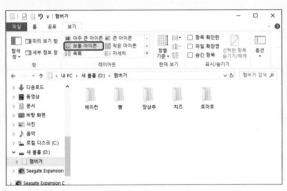

▲ 보통 아이콘

▲ 작은 아이콘

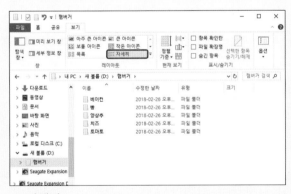

▲ 자세히

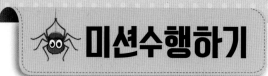

미션수행하기

준비파일 13-1 꽃.pptx　　완성파일 13-1 꽃(완성).pptx

01 도형을 복사하여 꽃잎을 완성해 보세요.

- 복사 : 꽃잎을 선택하고 Ctrl + Shift 키를 이용하여 복사해요.
- 회전 : 복사한 꽃잎을 회전시키고, 꽃잎의 위치를 조정해요.
- 정렬 : 꽃잎 부분에 타원을 선택하고 [맨 앞으로 가져오기]-[앞으로 가져오기]를 선택해요.
- 그룹 : 그린 꽃 도형을 모두 선택하고 그룹으로 지정해요.
- 애니메이션 : 강조 - 펄스

 **준비파일** 13-2 꽃밭.pptx   **완성파일** 13-2 꽃밭(완성).pptx

01 도형을 이용하여 튤립을 완성해 보세요.

힌트
- 도형 : [기본 도형]-[타원(○)], [선]-[선(╲)], [사각형]-[직사각형(□)],
  [순서도]-[순서도 : 지연(▷)], [기본 도형]-[눈물 방울(◐)],
  [기본 도형]-[L도형(┗)]
- 슬라이드 배경 : 그라데이션
- 두께 : 3pt
- 그룹 : 꽃 모양 도형을 각각 그룹으로 지정해요.
- 애니메이션 : 분홍꽃(나타내기 – 시계 방향 회전), 빨간꽃(나타내기 – 실선 무늬)

멋진 우리 집!

 01 IQ UP - 틀린 그림 찾기

1 두 개의 그림을 자세히 보고 틀린 그림을 찾아보아요.(8군데)

2 낱말을 보고, 소리내어 읽은 후 파워포인트에 옮겨 적어보세요.

> 달팽이 집을 지읍시다 어여쁘게 지읍시다
>
> 점점 좁게 점점 좁게 점점 넓게 점점 넓게
>
> 달팽이 집을 지읍시다 어여쁘게 지읍시다

 02 배경 꾸미기 – 질감 채우기

1 슬라이드 배경색을 바꾸기 위해 슬라이드에서 마우스 오른쪽 단추를 클릭하고 [배경 서식] 메뉴를 선택합니다.

 파워포인트를 실행하면 아래 화면처럼 '제목 슬라이드'로 지정되어 있어요. [홈] 탭–[슬라이드] 그룹–[레이아웃]에서 [빈 화면] 슬라이드를 선택해요.

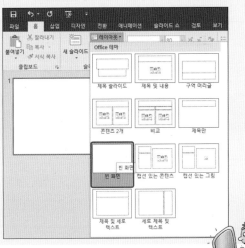

2 [배경 서식] 대화상자가 나타나면 '채우기'에서 '그림 또는 질감 채우기'를 선택합니다.

3 질감을 선택하면 여러 가지 질감 중에서 원하는 질감을 선택할 수 있습니다.

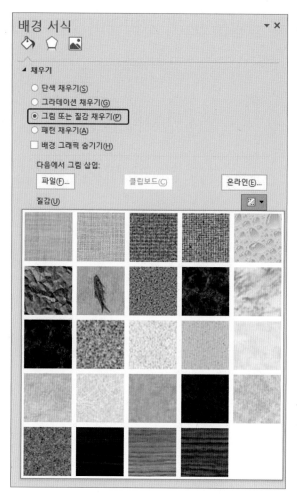

4 여러 가지 질감 중에서 '파랑 박엽지'를 선택하고 [닫기] 단추를 클릭합니다. 슬라이드 배경이 '파랑 박엽지'로 변경되었습니다.

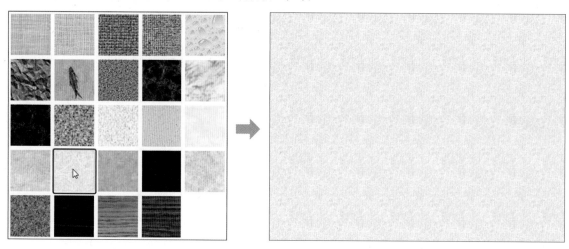

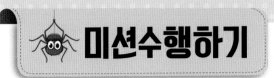

준비파일 14-1 우리집.pptx   완성파일 14-1 우리집(완성).pptx

01 도형을 이용하여 멋진 집을 완성해 보세요.

힌트
- 도형 : [기본 도형]-[액자(▢)], [수식 도형]-[덧셈 기호(✚)]
- 슬라이드 배경 : 흰색 대리석
- [도형 윤곽선]-[두께] : 3pt
- 회전 : [상하 대칭]
- 그룹 : 완성한 도형을 그룹으로 지정해요.
- 애니메이션 : 강조 – 크게/작게

📁 **준비파일** 14-2 우리마을.pptx 📁 **완성파일** 14-2 우리마을(완성).pptx

01 도형을 이용하여 우리마을을 완성해 보세요.

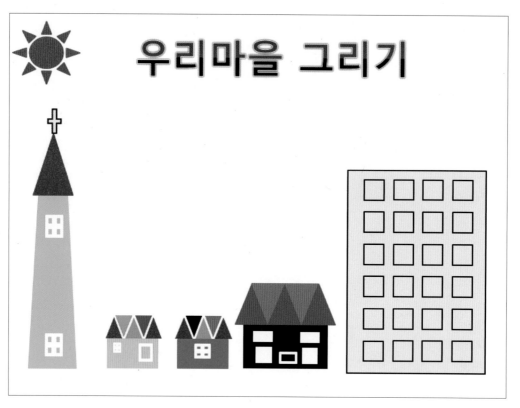

🔖**힌트** • 그룹 : 완성한 도형을 각각 그룹으로 지정해요.
　　　• 해 애니메이션 : 강조 – 흔들기, 시작 : 클릭할 때
　　　• 왼쪽부터 건물 1 : 추가 나타내기 효과 – 블라인드, 시작 : 이전 효과와 함께
　　　　　　　　　　건물 2 : 추가 나타내기 효과 – 도형, 시작 : 이전 효과와 함께
　　　　　　　　　　건물 3 : 추가 나타내기 효과 – 바둑판 무늬, 시작 : 이전 효과와 함께
　　　　　　　　　　건물 4 : 추가 강조하기 효과 – 깜박이기, 시작 : 이전 효과와 함께
　　　　　　　　　　건물 5 : 추가 강조하기 효과 – 투명, 시작 : 이전 효과와 함께

15 단원 좋아하는 캐릭터 그리기

 01 IQ UP – 색칠하기

1 캐릭터를 색칠해 보아요. 누가 누가 가장 멋질까요?

2 낱말을 보고, 소리내어 읽은 후 파워포인트에 옮겨 적어보세요.

파란 하늘 파란 하늘 꿈이 드리운 푸른 언덕에

아기 염소 여럿이 풀을 뜯고 놀아요

해처럼 밝은 얼굴로

빗방울이 뚝뚝뚝뚝 떨어지는 날에는

잔뜩 찡그린 얼굴로

엄마 찾아 음매 아빠 찾아 음매 울상을 짓다가

해가 반짝 곱게 피어나면 너무나 기다렸나봐

폴짝폴짝 콩콩콩 흔들흔들 콩콩콩

신나는 아기 염소들

1 슬라이드 배경색을 바꾸기 위해 슬라이드에서 마우스 오른쪽 단추를 클릭하고 [배경 서식] 메뉴를 선택합니다.

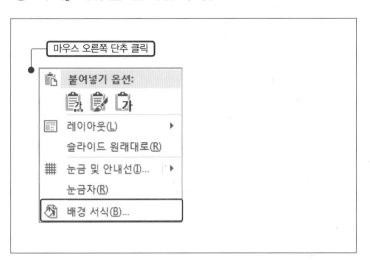

 파워포인트를 실행하면 '제목 슬라이드'로 지정되어 있어요. [홈] 탭−[슬라이드] 그룹−[레이아웃]에서 [빈 화면] 슬라이드를 선택해요.

2 [배경 서식] 대화상자가 나타나면 '그라데이션 채우기'를 선택하고 '그라데이션 미리설정'에서 '밝은 그라데이션−강조2'을 선택합니다. 계속해서 [닫기] 단추를 클릭합니다.

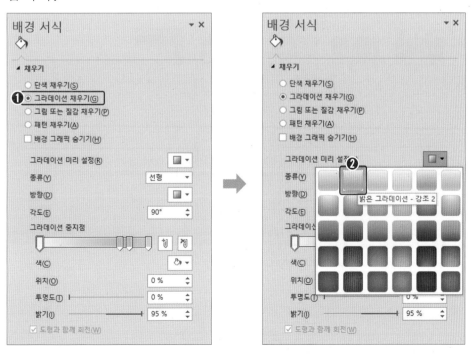

1 [D 드라이브] 창의 내 이름(홍길동) 폴더를 선택합니다. '봄–복사본' 이미지 파일을
선택하고 [홈] 탭에서 [잘라내기]를 클릭합니다.

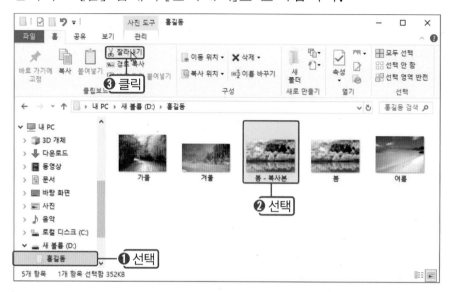

2 잘라내기 한 이미지 파일이 희미하게 보여집니다.

3 파일을 붙여넣기 할 [내 PC]-[사진]-[저장된 사진] 폴더를 더블 클릭하고 [홈] 탭에서 [붙여넣기]를 클릭합니다.

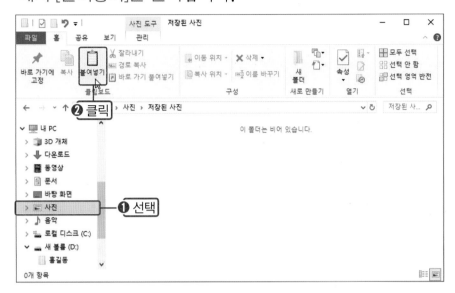

 붙여넣기 할 위치는 원하는 곳으로 지정해도 되요.

4 선택한 폴더로 파일이 이동되었습니다.

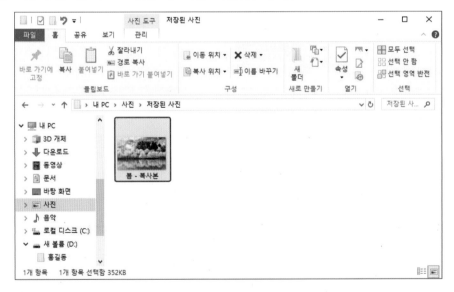

 파일을 선택하고 Ctrl+X 키를 눌러 잘라내기를 하고 Ctrl+V 키를 눌러 붙여넣기를 쉽게 할 수 있어요.

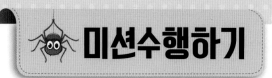

📁 **준비파일** 15-1 캐릭터.pptx　　📁 **완성파일** 15-1 캐릭터(완성).pptx

01 도형을 이용하여 캐릭터를 완성해 보세요.

예쁜 내 친구

 • 도형 : [선]-[곡선(⌒)], [기본 도형]-[타원(◯)], [기본 도형]-[원형(↺)],
　　[순서도]-[대조(⧗)], [기본 도형]-[막힌 원호(⌢)], [순서도]-[논리합(⊕)]

• 그룹 : 완성한 도형을 그룹으로 지정해요.

• 애니메이션 : [애니메이션] 탭-[자세히 – 추가 이동 경로] 선택 → 중성자

 준비파일 15-2 캐릭터.pptx　　 완성파일 15-2 캐릭터(완성).pptx

01 도형을 이용하여 캐릭터를 완성해 보세요.

 힌트
- 슬라이드 배경 : 그라데이션
- 도형 : [기본 도형]-[타원(○)], [기본 도형-[평행 사변형(▱)],
  [블록 화살표]-[오른쪽 화살표(⇨)]
- 도형 색 : [채우기 색]과 [윤곽선 색]은 원하는 색으로 지정해요.
- 그룹 : 완성한 도형을 그룹으로 지정해요.
- 회전 : 좌우 대칭
- 애니메이션 : 사용자 지정 경로를 선택하고 드래그를 하며 가고자 하는 방향을 그려
  줘요. → 경로를 완성하였으면 더블 클릭하여 마무리해줘요.

16 단원 상상 속의 우주선

1 그림을 보고 단어의 끝말을 이어보아요. 자 도전해 볼까요?

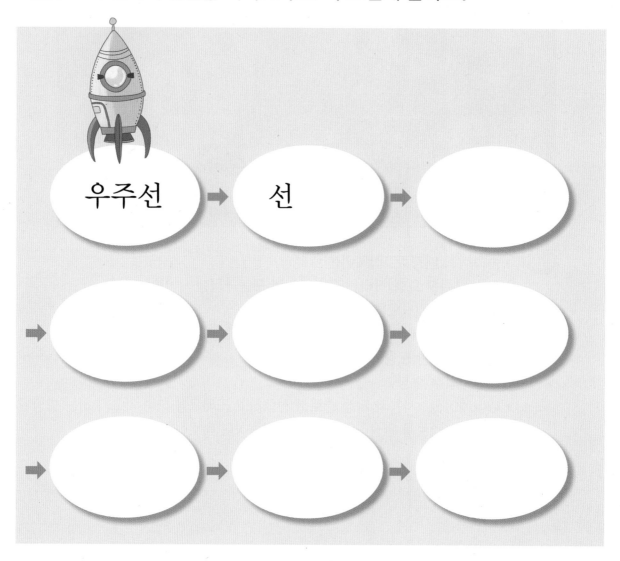

2 낱말을 보고, 소리내어 읽은 후 파워포인트에 옮겨 적어보세요.

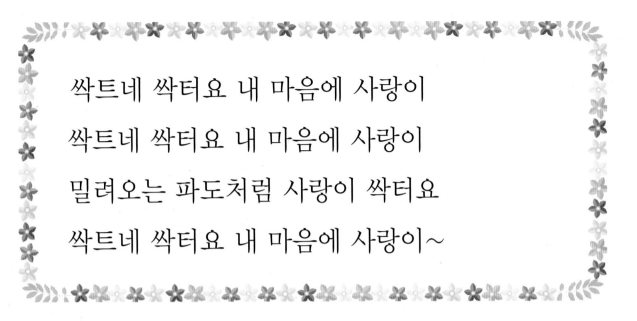

싹트네 싹터요 내 마음에 사랑이

싹트네 싹터요 내 마음에 사랑이

밀려오는 파도처럼 사랑이 싹터요

싹트네 싹터요 내 마음에 사랑이~

따라하기 02 배경에 단색 채우기

1 슬라이드 배경색을 바꾸기 위해 슬라이드에서 마우스 오른쪽 단추를 클릭하고 [배경 서식] 메뉴를 선택합니다.

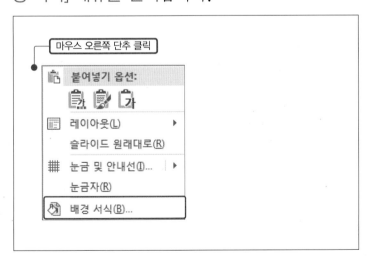

 파워포인트를 실행하면 아래 화면처럼 '제목 슬라이드'로 지정되어 있어요. [홈] 탭-[슬라이드] 그룹-[레이아웃]에서 [빈 화면] 슬라이드를 선택해요.

2 [배경 서식] 대화상자가 나타나면 '채우기'에서 '단색 채우기'를 선택합니다.

3 '채우기 색'의 '색'을 클릭하면 여러 가지 색상을 선택할 수 있습니다. 여러 가지 색상 중에서 '표준 색 – 노랑'을 선택하고 [닫기] 단추를 클릭합니다.

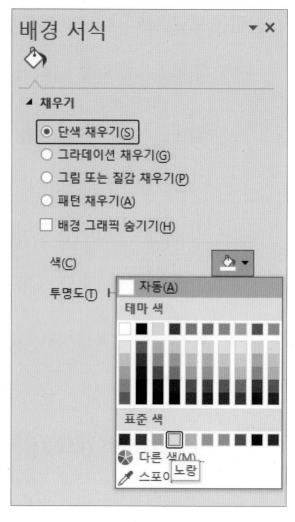

4 슬라이드 배경이 '노랑'으로 변경되었습니다.

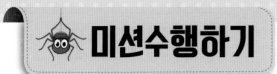 **미션수행하기**

📁 **준비파일** 16-1 우주선.pptx　　📁 **완성파일** 16-1 우주선(완성).pptx

01 도형을 이용하여 우주선을 완성해 보세요.

🐜힌트
- 도형 : [기본 도형]-[번개(✎)], [수식 도형]-[덧셈 기호(✚)]
- 슬라이드 배경 : '검정, 텍스트 1, 25% 더 밝게' 선택
- 그룹 : 완성한 우주선을 각각의 그룹으로 지정해요.
- 애니메이션
  노랑색 우주선 : 나타내기 효과 – 날아오기, 시작 : 클릭할 때
  주황색 우주선 : 나타내기 효과 – 날아오기, 시작 : 클릭할 때
  청록색 우주선 : 나타내기 효과 – 날아오기, 시작 : 클릭할 때

혼자해보기

 준비파일 [빈 화면] 슬라이드　　 **완성파일** 16-2 로켓(완성).pptx

01 도형을 이용하여 로켓을 완성해 보세요.

로켓 그리기

 • 슬라이드 배경 : 그라데이션 채우기
　　• 도형 : [기본 도형]-[타원(○)], [기본 도형]-[직각 삼각형(◺)],
　　　[순서도]-[순서도 : 지연(◖)], [별 및 현수막]-[폭발 1(✸)]
　　• 선 두께 : 3pt로 지정해요.
　　• 로켓 복사 : 로켓을 복사하고 원하는 색으로 바꾸어 봐요.
　　• 그룹 : 완성한 로켓을 각각의 그룹으로 지정해요.
　　• 애니메이션
　　　왼쪽부터 로켓 1 : 나타내기 효과 - 날아오기, 시작 : 클릭할 때
　　　　　　　　　　로켓 2 : 나타내기 효과 - 날아오기, 시작 : 클릭할 때

컴퓨터 종합문제

01 다음은 어떤 소프트웨어를 설명하고 있을까요? ( )

> 여러 사람 앞에서 나의 생각을 발표하거나 우리 모두의 공동 작업을 할 때 시각적 보조자료로 활용할 수 있도록 프레젠테이션을 도와주는 소프트웨어예요.

① 한글 ② 파워포인트 ③ 엑셀 ④ 포토샵

02 파워포인트에서 도형을 그리려고 하는데 어떤 메뉴를 클릭해야 할까요?

03 다음 중 도형을 복사하기 위해서는 어떤 키를 누르면서 드래그해야 할까요?

① Ctrl 키 ② Shift 키
③ Alt 키 ④ Tab 키

04 다음 중 배경 서식 지정하기에 대한 설명으로 옳지 않은 것은?

① 배경을 패턴으로 채울 수 있다. ② 배경을 그라데이션으로 채울 수 있다.
③ 배경을 그림으로 채울 수 있다. ④ 배경을 채우기 색으로 채울 수 없다.

05 아래 〈보기〉와 같이 몇가지 색을 섞어 색이 점점 더 진해지거나 흐리게 변하게 하고 싶어요. 어떠한 기능을 사용할 수 있을까요?

〈보기〉

① 그라데이션 ② 면색
③ 단색 ④ 패턴 채우기

06 파워포인트에서 도형을 움직이는 것처럼 꾸며줄 때 사용하는 메뉴는 무엇일까요?

① 워드아트   ② 온라인 그림   ③ 그림   ④ 애니메이션

07 다음 중 〈보기〉에서 사용하지 않은 메뉴 무엇일까요?

〈보기〉

① 도형 삽입   ② 3차원 효과

③ 네온 효과   ④ 그림자 효과

08 우리가 좋아하는 〈보기〉의 도형은 어떤 도형에서 찾아야 될까요?

〈보기〉

① 기본 도형   ② 순서도

③ 별 및 현수막   ④ 선

09 〈보기〉처럼 여러 개의 도형을 이용하여 우주선을 그렸어요. 도형을 복사하려고 하는데 하나로 묶어서 하면 편리하겠죠. 여러 개의 도형을 하나로 묶는 기능은 무엇일까요?

〈보기〉

① 회전   ② 그룹

③ 색 채우기   ④ 애니메이션

10 여러 개의 도형을 선택할 때는 키보드에서 어떤 키를 눌러야 할까요?

① [Ctrl] 키   ② [Shift] 키

③ [Alt] 키   ④ [Tab] 키

수 료 증

성 명 :

과 정 :

이 학생은 컴퓨터 초급과정 『컴퓨터영제만들기 Step-2』
교육과정을 성실히 이행하였으므로 이 증서를 수여합니다.

20   년   월

컴 퓨 터 부